O ASPECTO
EM PORTUGUÊS

COLEÇÃO
REPENSANDO A LÍNGUA PORTUGUESA

COORDENADOR
ATALIBA T. DE CASTILHO

REPENSANDO A LÍNGUA PORTUGUESA

O ASPECTO
EM PORTUGUÊS

SÔNIA BASTOS BORBA COSTA

Copyright© Sônia Bastos Borba Costa
Todos os direitos desta edição reservados à
Editora Contexto (Editora Pinsky Ltda.)

Coleção
Repensando a Língua Portuguesa

Coordenador
Ataliba Teixeira de Castilho

Revisão
Eliana Matos e Luiz Roberto Malta

Composição
Veredas Editorial

Projeto de capa
Sylvio de Ulhoa Cintra Filho

Ilustração de capa
Detalhe alterado de *Imbé*, tapeçaria de Umberto Nicola

Dados Internacionais de Catalogação na Publicação (CIP)
(Câmara Brasileira do Livro, SP, Brasil)

Costa, Sônia Bastos Borba
O aspecto em português / Sônia Bastos Borba Costa. –
3.ed. – São Paulo : Contexto, 2023. –
(Repensando a Língua Portuguesa)

Bibliografia
ISBN 978-85-85134-64-8

1. Português – Aspectos   I. Título. II. Série

90-0144   CDD-469.2

Índices para catálogo sistemático:
1. Aspecto : Semântica : Português : Lingüística   469.2
2. Portugês : Aspecto : Semântica : Lingüística   469.2

2023

EDITORA CONTEXTO
Diretor editorial: *Jaime Pinsky*

Rua Dr. José Elias, 520 – Alto da Lapa
05083-030 – São Paulo – SP
PABX: (11) 3832 5838
contato@editoracontexto.com.br
www.editoracontexto.com.br

Proibida a reprodução total ou parcial.
Os infratores serão processados na forma da lei.

SUMÁRIO

Introdução 8

1. Considerações Gerais 11

2. Perfectivo e Imperfectivo 30

3. A Atualização do Aspecto nas Formas Verbais do Português 39

4. A Atualização do Aspecto no Português Através dos
   Circunstanciais Temporais 80

5. A Atualização do Aspecto no Português Através de Formas de
   Substantivos e de Adjetivos 89

Sugestões de Leitura 98

Trabalhos Realizados no Brasil que tratam a Categoria de
Aspecto 100

Demais Referências Bibliográficas 102

"Vós que já em vida vos apiedastes..." Estou eu de novo moendo o pensamento que não tem ponto final. "Vós que já em vida vos apiedastes", não é bem a reprodução do que quero transmitir. Antes seria "vós que já em vida vos apiedáveis". Nem com uma espada em meu peito sou capaz de explicar a diferença. Mas há. E não é sutil, é bastante nítida. Sei e não sei. Não compreendo a língua que uso. Em sânscrito, ou mesmo francês, será possível transmitir essa diferença e ser plenamente entendido?

Adélia Prado, *Os Componentes da Banda*

O que quer
O que pode
Esta língua?

Caetano Veloso, *Língua*

A AUTORA NO CONTEXTO

Sônia Bastos Borba Costa nasceu em Salvador, Bahia, e sempre viveu nessa cidade com breves interrupções (interior da Bahia e Sergipe) na primeira infância. Ainda teve o privilégio de fazer o curso secundário e universitário em escola pública de muito boa qualidade, roteiro cada vez mais difícil neste país tão cego, surdo e mudo às questões da educação.

Entrou no curso de letras motivada pela língua francesa, mas, tanto quanto aconteceu na vida profissional, o francês foi aos poucos cedendo espaço à sedução das riquezas e mistérios da língua portuguesa.

Foi professora de francês e português em diversos colégios de 2º grau de Salvador.

O contato atento e afetivo com todas as possibilidades de realização do português, ainda tão mal conhecidas, e o contato estimulante e afetuoso com os estudantes motivam-na a continuar nas lides da profissão, atualmente exercida como professora de língua portuguesa do Instituto de Letras da Universidade Federal da Bahia.

É casada e tem três filhos. Quando o tempo permite, curte literatura e música popular, naturalmente em língua portuguesa, mas sem xenofobia, é claro. E acha que seria muito difícil viver numa cidade sem o mar sempre ao alcance da vista.

INTRODUÇÃO

O Aspecto é uma categoria lingüística não muito cortejada pelos estudiosos do português, fora do âmbito acadêmico. Uma pessoa pode perfeitamente, pelo menos no Brasil, ir até o fim de sua formação escolar, inclusive universitária, sem nunca ter-lhe ouvido qualquer referência diferentemente do que se passa com muitas outras categorias, como o Gênero, o Número, a Voz, o Tempo, o Modo, a Pessoa.

Mas inegavelmente o Aspecto está aí à disposição dos falantes do português, e estou convencida de que nós o usamos com alguma freqüência. Foi o que busquei constatar ouvindo aproximadamente vinte e quatro horas de gravação de diálogos informais (integrantes do *corpus* do Projeto de Estudo da Norma Lingüística Urbana Culta – NURC/SSA) e atentando para a fala dos que me cercavam, durante mais ou menos três anos (de 1983 a 1986), o que resultou numa dissertação de mestrado apresentada ao Instituto de Letras da Universidade Federal da Bahia. E, é claro, daí pra cá, contraí uma certa doença profissional e, vez por outra, flagro alguém no uso do Aspecto. O que é um deleite, um prazer para mim. Considero que "atentar para a sintaxe dos paulistas", (e dos baianos, gaúchos, operários, estudantes, políticos, "imortais" da Academia) e não apenas gostar do SER e do ESTAR, mas aventurar-me a entender o *porquê*, o *quando*, o *onde*, o *como* cada um desses elementos lingüísticos é diferente do outro (e viva a diferença, todas as diferenças!), enfim observar em sua plenitude a língua que falo e que falam ao meu redor, é não apenas uma declaração de amor, como a composição de Caetano, mas um exercício gratificante, embora por vezes penoso.

O Aspecto é uma categoria em estudo, sob reflexão; sobre ela nada pode ainda ser considerado definitivo. No final do livro, você poderá encontrar, além das referências bibliográficas normais, relativas aos livros que vou citando no texto, uma lista dos trabalhos feitos no Brasil sobre a categoria em português, dos quais tive notícia durante o tempo em que me dediquei ao trabalho que deu origem a este livro.

Aqui vão algumas orientações para a leitura dos capítulos que se seguem:

a) Escrevo sempre com inicial maiúscula os nomes das categorias lingüísticas. Por exemplo, *Aspecto, Tempo, Pessoa,* etc. Assim, você poderá distinguir quando estou falando de *Tempo* (categoria lingüística) ou de *tempo* (aquilo que Aurélio define como "a sucessão dos anos, dos dias, das horas, etc.");

b) Tal como já amplamente convencionado, uso um asterisco (*) precedendo qualquer forma lingüística que considero inaceitável por falantes do português, e um sinal de interrogação (?) diante de formas de aceitabilidade discutível; os colchetes ([ ]) são usados para destacar os traços semânticos;

c) Utilizo os termos *fato* ou *fato verbal* para referir indistintamente a variedade de conceitos, tais como *situações, estados, acontecimentos, atividades, processos, atos,* que podem ser expressos sobretudo por substantivos e verbos. Se necessário, especifico a que tipo de fato estou me referindo;

d) A grande maioria dos exemplos é verídica e recolhida de língua falada; as exceções são indicadas no próprio texto. Achei conveniente a sua numeração para facilitar a leitura

e) As citações de autores estrangeiros foram traduzidas por mim. Qualquer citação ou referência a pensamento de outros vem, à maneira americana, acompanhada do ano de publicação e da página da obra consultada.

Neste trabalho você não vai encontrar regras para "usar corretamente" a categoria de Aspecto. O que lhe faço agora é um convite a acompanhar os questionamentos que me coloquei durante uns três anos e a avaliar as hipóteses que me pareceram ter alguma chance de poder explicativo.

Ao final, espero ter pelo menos conseguido chamar sua atenção para esse recurso expressivo do português que nos amarra ainda mais a essa contingência existencial – o tempo – e ao seu eterno (e implacável) fluir.

E que a nossa intuição lingüística nos proteja e não nos deixe desanimar perante as legiões de "lexemas" e "morfemas", "imperfectivos" e "pontos dêiticos", termos técnicos que, afinal, só foram criados por amor e respeito à língua, nossa "frátria".

CONSIDERAÇÕES GERAIS

ENTIDADES DE PRIMEIRA, SEGUNDA E TERCEIRA ORDENS

Conhecer uma língua, qualquer língua, implica automaticamente penetrar na maneira particular pela qual uma determinada cultura recorta o universo.

Que expressam as línguas humanas? Tudo o que a mente humana é capaz de produzir? Sabe-se que povos diferentes expressam noções diversificadas e organizam a realidade biopsicossocial de formas distintas.

Evidente que há noções, conceitos que são mais generalizados nas línguas do mundo e constituem aquilo que se busca pelo estudo dos universais lingüísticos.

Uma possibilidade de captar generalidades desse tipo é a classificação apresentada por Lyons (1980:74 e ss.), baseada em Vendler, para as entidades que as línguas representam no seu nível semântico. Trata-se de distinção estabelecida entre entidades de primeira, segunda e terceira ordens.

As entidades de primeira ordem são representadas pelos objetos físicos, inclusive os seres humanos, que nelas ocupam posição privilegiada do ponto de vista do tratamento lingüístico, em relação, numa linha decrescente, aos animais e aos inanimados. Podemos exemplificar o privilégio dado às entidades de primeira ordem no português, assim como em muitas línguas, através da estrutura sintática, que preferencialmente atribui o papel privilegiado de Agente e a primeira posição na sentença aos signos lingüísticos que referem seres humanos, se estão presentes no enunciado.

Essas entidades de primeira ordem são tratadas pela mente humana como *localizadas no espaço* e a elas nos referimos dizendo que *existem*.

As entidades de segunda ordem são os acontecimentos, os processos, os estados e outros tipos de ocorrências que podem ser *localizadas no tempo*. Quando nos referimos a elas não dizemos que elas "existem", e sim que elas *acontecem*. Assim, as entidades de segunda ordem mantêm com o *tempo* a mesma relação que as entidades de primeira ordem mantêm com o *espaço*. Adiante vamos falar sobre elas com mais detalhes.

As entidades de terceira ordem são de tipo abstrato; elas não se localizam no *tempo* nem no *espaço*. São produtos da nossa mente, que as constrói quando exercita a capacidade de raciocínio, de atribuir valores e formular juízos. O exemplo que Lyons toma são as *proposições*. Proposições são enunciados aos quais pode ser atribuído o valor de verdade ou falsidade. Assim, nem todos os enunciados são proposições, mas somente aqueles aos quais foram aplicadas "certas operações de determinação" (Mateus *et alii*, 1983:45).

Se estamos nos referindo a uma proposição, como o clássico exemplo:

(1) O homem é mortal,

não podemos dizer que essa proposição tem *existência* ou que ela *acontece*, mas apenas podemos afirmar que ela é *verdadeira* ou *falsa*. Portanto, a noção de verdade está correlacionada às entidades de terceira ordem, tanto quanto a noção de espaço se correlaciona com as entidades de primeira ordem e a noção de tempo se correlaciona com as entidades de segunda ordem.

Essa classificação das entidades que as línguas humanas referem, aqui apresentada de maneira bastante simplificada, possibilita-nos ter uma visão geral que muito nos auxilia no trabalho de análise lingüística. É importante ressaltar, a propósito, que não se trata aqui de discutir a natureza de conceitos como *tempo* e *verdade* a partir de avaliações da física, da metafísica ou de considerações éticas ou filosóficas. Quando se fez essa classificação, pensou-se em categorizar os referentes lingüísticos, quer dizer, noções que servem de suporte para a estruturação das línguas em geral e de alguma língua em particular, e levou-se em conta *o tratamento que as línguas dão a essas noções*.

É bom sempre nos lembrarmos de que os elementos lingüísticos são signos, são representações que nos informam sobre a maneira como os falantes encaram, vêem, interpretam as "coisas que estão no mundo"; portanto, os elementos lingüísticos não são "as coisas", mas sim representação das coisas. Em suma, precisamos estar atentos para o que, em nossa análise, é o signo, o elemento representante, e o que é a coisa representada.

A ORGANIZAÇÃO DOS DISCURSOS

Espaço, tempo, verdade. Parece que as línguas do mundo em geral tomam essas noções como suportes para a construção lingüística.

Assim, os discursos, geralmente, constroem-se sobre linhas organizativas que são ou espaciais, ou temporais ou linhas de ordenação de proposições, que aqui chamaremos de argumentativas. Quer dizer, construindo o seu discurso, solitário ou em diálogo, o falante sente necessidade de uma linha organizativa que lhe sirva de orientação, a si e ao seu interlocutor. A linha a ser escolhida depende de o falante estar referindo fatos que se localizam e se deslocam no espaço; ou fatos que se pospõem, se antecedem ou são simultâneos no tempo; ou estar referindo não propriamente fatos, mas *proposições* que não se localizam nem no espaço, nem no tempo, mas que se amarram umas às outras numa certa linha que o raciocínio acompanha.

Nos discursos, portanto, podemos detectar elementos referenciadores do espaço, do tempo ou alguns tipos de elementos de ligação que vêm a construir essa tal linha argumentativa. Para o caso do espaço, temos um bom exemplo nos demonstrativos ou em palavras como AQUI, LÁ e ONDE. Só podemos entender os demonstrativos nos enunciados, se tomarmos o espaço como referência e nele dispusermos os elementos como próximos ou distanciados do falante. Para o caso do tempo, temos um bom exemplo em formas como *Agora, então* ou *quando*. Para o caso da linha argumentativa, pode-se tomar como exemplo a construção de um silogismo, que, embora não precise necessariamente colocar as proposições no tempo ou no espaço, as organiza a partir de uma espécie de espaço/tempo mental que não tem correlação física, mas que constitui o contexto no qual se dispõe o discurso. É interessante observar que os elementos lingüísticos que expressam as ligações entre as proposições, por exemplo, as tradicionalmente chamadas conjunções, são por vezes os mesmos que usamos para a disposição no espaço ou a localização no tempo, como também formas não tão claramente espaço-temporais, mas que assim podem ser analisadas num nível mais profundo. É o caso do condicional *se* que é um correlato hipotético para *quando*, portanto, em última instância, um elemento temporal.

Esperando que o estabelecimento das noções de *espaço*, *tempo* e *verdade* como suportes da fala nos possa servir de guia confiável, vamos refletir mais um pouco sobre as entidades de segunda ordem, ou seja, aquelas que tratamos como localizadas no tempo. O enfoque nesse tipo de entidades se justifica porque ao tratar a categoria lingüística de Aspecto teremos que refletir bastante sobre o tratamento do tempo na língua.

TIPOS DE ENTIDADES DE SEGUNDA ORDEM

Embora outros tipos de entidades de segunda ordem possam ser apontados, vamos nos concentrar nos *acontecimentos, atos, processos, atividades e estados*. Em que diferem entre si esses tipos de entidades de segunda ordem? Diferem pela maneira como cada um deles combina certas características semânticas, certos traços, incluindo uns e excluindo outros. Os traços pertinentes a esse tipo de classificação são: [± *durativo*] [± *dinâmico*] [± *permanente*] [± *agente*], que nos permitem apresentar o seguinte quadro:

Tipos	Traços				Exemplos
	Durativo	Dinâmico	Permanente	Agente	
Acontecimentos	–	+	–	–	Cair
Atos (Ações)	–	+	–	+	Quebrar
Processos	+	+	+ –	–	Crescer
Atividades	+	+	+ –	+	Ler
Estados	+	–	+ –	–	Continuar

14

Você deve ter observado que exemplifiquei com verbos. É que o verbo é a classe de palavras que indiscutivelmente toma o tempo como referência, e assim é mais fácil, para pensar em tempo, trabalhar com verbos. Naturalmente que outras classes de palavras, como substantivos correlatos desses verbos, podem expressar também esses tipos de entidades de segunda ordem. Assim *queda* é um acontecimento, *quebra* é um ato, *crescimento* é um processo, *leitura* é uma atividade e *continuação* é um estado. Também uma palavra como *enquanto* é usada quando há referência a qualquer desses tipos que portem o traço [+ *durativo*] (ou seja, processos, atividades ou estados) e *de repente* é uma locução que se usa em combinação, no enunciado, com um acontecimento ou um ato, quer dizer, aqueles tipos que não portam o traço [+ *durativo*].

Observando o quadro, podemos distinguir três blocos:

a) os acontecimentos e os atos;
b) os processos e as atividades;
c) os estados.

São três blocos porque a mesma diferença que há entre um acontecimento e um ato, há entre um processo e uma atividade; atos e atividades implicam a existência do traço [+ *agente*] enquanto os acontecimentos e os processos não implicam na existência desse traço. Já os estados não têm o traço [+ *agente*], no que se identificam com um elemento de cada um dos blocos anteriores, mas diferem em relação a todos os outros quanto ao traço [± *dinâmico*].

Ainda voltaremos a falar desses tipos de entidades de segunda ordem. Agora é importante que desenvolvamos mais um pouco a questão do tratamento do tempo nas línguas.

A DÊIXIS

Tratar de *tempo* e de *espaço* em língua é se aproximar da noção de *dêixis*, que é a faculdade que têm as línguas de designar os referentes através da sua localização no tempo e no espaço, tomando como ponto de referência básica o falante. De fato, há uma tendência natural do falante a distribuir e organizar no tempo e no espaço os fatos e os objetos de que fala, tomando como ponto de partida o momento e o local em que ele, falante, se encontra. Quando ouvimos palavras como *aqui* e *agora* ou expressões como *esta menina* só poderemos entender completamente o que está sendo dito se estivermos presentes no momento da fala ou se nos forem fornecidos dados que nos permitam efetivamente conhecer a exata localização do falante no momento da fala, ou seja, aquilo que, a partir de agora, chamaremos de ponto-dêitico. Assim, o ponto espacial e temporal em que o falante está situado no momento em que fala é o ponto-dêitico da enunciação.

As palavras mais explicitamente dêiticas numa língua são os pronomes pessoais do tipo *eu* e *você*. De fato, *eu* tem como referente "aquele que está falando" e *você*, "aquele com quem o *eu* está falando". Num diálogo, por exemplo, o *eu* será alternadamente uma e outra pessoa: *eu* é um signo lingüístico que não tem referente fixo.

Já podemos deduzir que a categoria lingüística de Pessoa é o eixo da dêixis lingüística. É a categoria de Pessoa que instala o ponto-dêitico na enunciação.

Voltando a pensar sobre o tratamento do tempo e do espaço nas línguas, agora relacionando-os com a noção de dêixis, vamos observar que nem todas as expressões lingüísticas que referem o tempo e o espaço são dêiticas. Assim, usando exemplos de Lyons, vamos observar que enquanto *aqui x lá* é uma distinção espacial dêitica, no *interior x no exterior* é uma distinção espacial não baseada na dêixis. Da mesma forma, enquanto *agora x não agora* é uma distinção temporal dêitica, uma distinção como *de dia x à noite* é temporal não dêitica.

Você vê que estamos tratando as relações entre o falante (o *eu*), o espaço e o tempo e a maneira como essas relações podem se expressar nas línguas. Por isso, chegamos à noção de dêixis. Daí mencionamos uma categoria lingüística – a Pessoa. A categoria de Pessoa, como vimos, marca na língua, através de significantes como *eu* ou como alguns morfemas verbais, aquele que enuncia. Essa categoria subjaz também em outros signos do português – em todos aqueles em que o traço dêitico está presente. A referência ao espaço não se expressa propriamente através de uma categoria lingüística, no português; pelo menos, não é assim que tem sido estudada. Já a referência ao tempo conta em português (e em outras línguas também, é claro) com duas categorias lingüísticas para a sua expressão: o Tempo e o Aspecto. (A partir de agora, e como já foi explicitado na Introdução, escreverei *tempo*

16

quando estiver me referindo ao tempo físico e *Tempo* quando me estiver referindo à categoria lingüística que expressa o *tempo* físico).

A CATEGORIA LINGÜÍSTICA *TEMPO*

O Tempo é uma categoria que marca na língua, através de lexemas, de morfemas, de perífrases, a posição que os fatos referidos ocupam no tempo, *tomando como ponto de partida o ponto-dêitico da enunciação*. É, assim, uma categoria dêitica, como a Pessoa. Para uma explicitação da natureza dêitica da categoria de Tempo, podemos lançar mão de um recurso bastante utilizado em estudos do gênero que é o estabelecimento de uma "reta cronológica" ou "linha de tempo", na qual se marca o momento da enunciação, através de um ponto, o NUNC (= agora), em que se situa o falante:

NUNC

Sobre essa linha pode-se situar o fato enunciado como anterior, posterior ou simultâneo ao ponto NUNC. Quando o falante faz isso, está atualizando a categoria lingüística Tempo. Em português temos meios de expressar muitos pontos dessa linha de tempo: não só podemos expressar o presente, o passado e o futuro (ou seja, o que ocorre no momento em que o falante produz o enunciado, o que ocorreu ou ocorrerá em momento anterior ou posterior àquele em que o falante produz o enunciado), mas também outros pontos em que se subdivide o passado e o futuro (que em português são chamados de relativos como o Mais-que-Perfeito ou o Futuro-do-Presente composto). Um tempo relativo se caracteriza por recorrer a não apenas um ponto de referência, o ponto dêitico da enunciação, mas também por levar em consideração um outro ponto da linha de tempo que precede ou é posterior ao momento da enunciação. Assim, os Tempos relativos tratam os fatos enunciados a partir do estabelecimento de graus de anterioridade e posterioridade relativamente a dois pontos da linha de tempo, um dos quais é o momento de enunciação. Vamos tomar como exemplo o

Mais-que-Perfeito. Podemos, a propósito desse Tempo verbal, fazer raciocínios do tipo: o Mais-que-Perfeito é um Tempo relativo, visto que toma como ponto de referência não só o ponto dêitico da enunciação, o NUNC, mas também um outro ponto da linha de tempo, anterior ao NUNC, para situar o fato enunciado num ponto ainda mais anterior. Assim, quando um falante produz uma frase como:

(2) Quando você chegou eu já tinha terminado a tarefa,

ele refere dois pontos do passado em relação ao ponto dêitico da enunciação. É alguém, num determinado momento, o NUNC, fazendo referência a dois fatos, *chegar* e *terminar*, que ocorreram em momentos anteriores ao ponto dêitico da enunciação, sendo que o fato expresso por *terminar* é anterior ao fato expresso por *chegar*. Temos, portanto, dois pontos de referência temporal: o ponto dêitico, ou seja, o momento da enunciação, e o ponto em que se situa o fato de *chegar*, ponto de referência secundário.

Essa compreensão da noção temporal expressa pelo Mais-que-Perfeito é coerente, portanto, com a inclusão do seu tratamento, assim como dos demais Tempos relativos, na categoria de Tempo, visto que o ponto de partida para a expressão é o ponto dêitico da enunciação.

Em português, podemos também marcar se o fato referido é válido para todos os tempos, como são as verdades científicas ou axiomas filosóficos, caso em que o português costuma usar a forma convencionalmente rotulada como Presente do Indicativo. Vejamos os exemplos:

(1) O homem é mortal.
(3) A força da gravidade atrai os corpos.

Esse uso do presente, tradicionalmente chamado de Gnômico, mas também chamado de Atemporal, é uma espécie de termo não-marcado, de forma neutra no que diz respeito à categoria de Tempo.

A compreensão do sentido de termo marcado e não-marcado será importante para considerações que tecerei adiante. A noção de *marca* pode ser compreendida como marca formal ou marca semântica. Por exemplo, o termo *meninos* em português tem marca formal, o morfema /s/. Ele é um termo marcado, formal e semanticamente, em relação ao termo *menino*. Mas aqui trabalharemos mais com a noção de marca semântica que nem sempre está relacionada à marca formal. Em

18

linhas gerais, um elemento lingüístico é marcado semanticamente se ele tem um sentido mais específico que aquele do elemento lingüístico não-marcado semanticamente que lhe corresponde. Por exemplo, *pássaro* é marcado semanticamente em relação a *ave*. Assim, todo pássaro é uma ave, mas nem toda ave é um pássaro, o que faz com que possamos dizer:

(4) A galinha é uma ave.

(5) O canário é uma ave.

(6) O canário e um pássaro.

mas não possamos dizer:

(7) * A galinha é um pássaro.

Quando desenvolver com detalhe a caracterização da categoria de Aspecto, tornarei a tratar essa questão de termos marcados e não-marcados.

TEMPO E ASPECTO

Foi dito anteriormente que a referência ao tempo, em português, conta com duas categorias lingüísticas para sua expressão: a categoria de Tempo e a categoria de Aspecto. Aspecto e Tempo são ambas categorias temporais no sentido de que têm por base referencial o tempo físico. Distinguem-se, contudo, do ponto de vista semântico, basicamente a partir da concepção do chamado tempo interno (o Aspecto) diferente do tempo externo (o Tempo). As noções semânticas do âmbito do Tempo dizem respeito à localização do fato enunciado relativamente ao momento da enunciação; são, em linhas gerais, as noções de presente, passado e futuro e suas subdivisões. Já as noções semânticas do âmbito do Aspecto são as noções de duração, instantaneidade, começo, desenvolvimento e fim. Podemos observar, portanto, que são noções que referem a maneira como o tempo decorrido dentro dos limites do fato é tratado. Vejamos se podemos explicitar isso a partir de exemplos. Quando um falante diz:

(8) Caminhei muito.

ele quer expressar com seu enunciado que a ação de *caminhar* ocorreu antes do momento em que ele está situado temporalmente. Nesse enunciado há marca da categoria de Tempo, visto que o fato de *caminhar* recebe um tratamento ancorado na dêixis.

Quando um falante diz:

(9) Estive caminhando por muito tempo,

ele quer expressar com seu enunciado não só a referência ao tempo em que a ação de *caminhar* ocorreu em relação ao momento da fala (no passado) – expressão da categoria de Tempo –, como também expressar o desenvolvimento dessa ação. É como se o falante aí desse uma olhada e convidasse o ouvinte a olhar o tempo compreendido entre os limites de começo e fim da ação de *caminhar* tornando-o visualizável. O falante chama a atenção para o tempo interno ao fato; é como se "víssemos" o tempo se escoando, como se ele se concretizasse no espaço. Assim, enquanto a categoria de Tempo trata o fato enquanto ponto distribuído na linha de tempo, a categoria de Aspecto trata o fato como passível de conter frações de tempo que decorrem dentro dos seus limites.

Uma reflexão que nos pode ajudar a distinguir a categoria de Tempo da categoria de Aspecto em português é a análise da temporalidade em duas chamadas formas nominais, o Gerúndio e o Particípio. É evidente que essas formas expressam o tempo físico de alguma maneira. O Gerúndio expressa a cursividade, o decorrer, o escoamento do tempo; o Particípio expressa um estado (por isso, de certa forma, permanência no tempo) como decorrência de um processo anterior, portanto como resultado do escoar do tempo. Você pode observar, entretanto, que não são dêiticas, visto que formas como *lendo* ou *lido* não nos informam se o processo de *ler* e o estado resultante do processo de *leitura* ocorre no momento da fala, se ocorreu em momento anterior ou ocorrerá em momento posterior. Se você quiser especificar essa referência, você deverá utilizar essas formas em perífrase com outro verbo que carregará no seu morfema flexional a marca temporal. Então você poderá ter:

(10) Esteve lendo; ficou lido (passado)

(11) Está lendo; está lido (presente)

(12) Estará lendo; estará lido (futuro).

Uma pequena observação: você pode ter estranhado o uso do verbo *ficar* associado a *lido* no exemplo (10) enquanto para todos os outros foi usado o auxiliar *estar*. É que a perífrase *está lido* pode evocar outras idéias que não interessam por ora: ver item AS IN-COMPATIBILIDADES, pg. 75 do terceiro capítulo.

Espero ter demonstrado que o Aspecto é a categoria lingüística que informa se o falante toma em consideração ou não a constituição temporal interna dos fatos enunciados. Essa referência independe do ponto-dêitico da enunciação, visto que centra o tempo no fato e não o fato no tempo.

TRAÇOS CARACTERIZADORES DO ASPECTO

Segundo Comrie (1976:3) "aspectos são diferentes modos de observar a constituição temporal interna de uma situação". Para Castilho (1968:14) "o aspecto é a visão objetiva da relação entre o processo e o estado expressos pelo verbo e a idéia de duração e desenvolvimento. É a representação espacial do processo". Para Lyons (1979:331), o Aspecto diz respeito ao tempo, mas ao "contorno ou distribuição temporal" de um acontecimento ou estado de coisas e não à sua "localização no tempo".

Dessas conceituações algumas características atribuídas à categoria parecem-me importantes destacar:

a) a não-referência à localização no tempo;
b) a constituição temporal interna;
c) a vinculação da categoria a situações, processos e estados;
d) a "representação espacial".

Quanto à não-referência à localização no tempo, considero ter desenvolvido suficientemente esse ponto no item anterior (pg.19) em que distingui o Tempo, enquanto categoria dêitica, do Aspecto, categoria não-dêitica.

Agora é necessário que nós nos concentremos um pouco no que significa tomar como referente a constituição temporal interna de um fato. Se assim o fazemos, temos que nos ater apenas à fração de tempo compreendida entre o limite inicial e o limite final do tipo de entidade de segunda ordem que o verbo em questão está expressando. Aqui, cabe uma ressalva: neste texto, tentaremos abordar a categoria de Aspecto também nos substantivos, adjetivos, além de alguns advérbios e outras formulações que expressam tempo que chamaremos de "circunstanciais temporais". Mas, como a categoria de Aspecto tem sido mais estudada nos verbos, estou preferindo amadurecer o raciocínio tratando-a inicialmente como uma categoria verbal. Voltando ao ponto em que estávamos, deparamo-nos em primeiro lugar com o problema de como fazer referência, como denominar tipos diversificados de entidades de segunda ordem caso queiramos referi-las todas de vez, em bloco. Por exemplo, que termo deveremos usar? *Acontecimentos* são diferentes de *processos* que são diferentes de *estados* e assim por diante. O termo *situação* usado por Comrie em sua conceituação não me parece muito adequado se quisermos nos referir a *estados* ou *acontecimentos*, assim como *acontecimentos* não é termo adequado para referir *estados* ou *processos*. Por isso, optei por usar a expressão *fato verbal* como generalizadora e só especificarei se me refiro a cada tipo de entidade de segunda ordem em especial se isso for importante para o raciocínio que se desenvolve.

Esse é um pequeno detalhe, apenas questão de terminologia. O mais importante agora é refletir sobre a possibilidade de referir a constituição temporal interna de todos os tipos de entidades de segunda ordem. Claramente podemos ver que, se se tratar da expressão do desenvolvimento ou da duração, dois tipos de entidades de segunda ordem não se adequarão facilmente: são os *acontecimentos* e os *atos* que, como já vimos, não portam o traço [+ *durativo*]. Como um verbo que expressa um fato não durativo pode ter a sua constituição temporal interna levada em consideração?

Aspecto e Modo de Ação

Essa questão nos remete a uma discussão muito difundida entre os estudiosos do assunto. É muito difícil conceituar-se a categoria de Aspecto sem que se coloque a questão de identificá-la ou distingui-la de uma outra suposta categoria – a de Modo de Ação ou *Aktionsart*. Em geral, as razões apresentadas para a bipartição estão ligadas à forma de expressão da categoria. Alega-se que o Modo de Ação seria concernente a distinções quanto à natureza da entidade de segunda ordem (se um *processo*, se um *estado*, por exemplo), as quais se apresentariam no lexema verbal, enquanto ao Aspecto seriam reservados os recursos expressivos relativos sobretudo à morfologia ou à sintaxe. Não me parecem convincentes essas razões. Se se admite para uma língua a existência da categoria de Aspecto enquanto possibilidade semântica, cabe automaticamente a investigação do(s) recurso(s) que a língua utiliza para a atualização da categoria em causa: se é uma categoria de expressão lexical, morfológica ou sintática; se é categoria nominal, verbal ou da frase, etc.

O fato é que, se se estuda a categoria como conteúdo semântico numa língua, deve-se estudá-la onde quer que apareça nos enunciados da língua. A abordagem da categoria que estamos realizando considera que não há necessidade, por ser antieconômico para a análise, de postularmos duas categorias, o Modo de Ação e o Aspecto, para marcar a maneira como a língua possibilita tratar a constituição temporal interna de um fato enunciado. Considero, portanto, que a língua portuguesa inclui no seu sistema semântico a categoria de Aspecto que pode ser atualizada através de lexemas (caso que outros preferem vincular à categoria de Modo de Ação), através de morfemas flexionais ou derivacionais, e de perífrases, como veremos com mais vagar em parte posterior deste texto.

Aspecto e Tipos de Entidades de Segunda Ordem

Quando tratei as entidades de segunda ordem foram feitas algumas observações sobre os traços semânticos caracterizadores de cada tipo daquelas entidades atualizados pelo lexema verbal. Se os observarmos com atenção veremos que nem todos esses traços dizem respeito ao tratamento da constituição temporal interna de cada um deles. Assim, os traços [±*dinâmico*] e [±*agente*] não atualizam a categoria de Aspecto, visto que a sua presença ou ausência nada informa sobre o tratamento atribuído à constituição temporal interna. Diferentemente, o traço [±*durativo*] implica já uma atualização da categoria, porque informa se aquele tipo de verbo refere ou não fatos que requerem, normalmente, uma fração de tempo para se realizarem. Ou seja, entre as características das entidades de segunda ordem, há o traço [±*durativo*] que informa sobre a natureza aspectual do lexema, no sentido de que a sua presença estabelece certas restrições de compatibilidade ou não com outros traços aspectuais do enunciado. Assim, se o falante está utilizando na sua enunciação o verbo *quebrar*, que é um exemplo de ato, logo um tipo de entidade de segunda ordem que porta o traço [– *durativo*], ele fica restrito quanto à referência à constituição temporal interna do fato, visto que normalmente um *ato*, por ser instantâneo, não pode ser imaginado como compreendendo frações temporais dentro dos seus limites. Em outras palavras, *quebrar* não tem constituição temporal interna, não "dura" no tempo. Assim, o falante não poderá produzir a frase:

(13) *O vaso permaneceu quebrando por alguns minutos.

Evidentemente que essa frase não é de todo impossível. Afinal, como afirma um lingüista americano, segundo Eunice Pontes (1986:34), "sentença agramatical é apenas uma sentença para a qual o autor [o lingüista] não foi capaz de imaginar um contexto apropriado"... E aí estão as inovações tecnológicas, como a filmagem em câmara lenta, para possibilitar uma frase desse tipo. Sabemos, contudo, que quando analisamos as línguas temos que, pelo menos em princípio, imaginar o seu uso mais generalizado para estabelecer certos parâmetros e depois então podermos avaliar os graus de afastamento desses parâmetros que são previsíveis para aquela língua.

Dentre os tipos de entidades de segunda ordem apontados, são os *processos, as atividades* e os *estados* que normalmente atualizam a categoria de Aspecto através dos seus lexemas porque portam o traço [+ *durativo*]. Isso equivale a dizer que lexemas não portadores desse traço normalmente restringem a plena atualização da categoria.

Aspecto e Número Verbal

Já foi dito que tomar em consideração a constituição temporal interna de um fato significa que devemos nos ater apenas à fração de tempo compreendida entre o limite inicial e o limite final do fato que se enuncia. Isso significa que uma outra restrição se coloca para a plena atualização da categoria: além do já citado traço [+ *durativo*], o fato enunciado, se é um fato verbal, deve estar no Número singular. A categoria de Número verbal não está aqui sendo tratada como o é, por exemplo, nas gramáticas normativas do português, que consideram as três primeiras Pessoas do verbo como a expressão do *singular*, enquanto as três últimas são consideradas como expressão do *plural*. Esse tratamento não é adequado, como já evidenciado por vários lingüistas. A distinção que aí se estabelece é do âmbito da categoria de Pessoa. Estou entendendo por Número verbal aquilo que é proposto por Coseriu (1980:21): a categoria de Número se aplica aos verbos quando se expressa a repetição ou não do fato verbal, o que produziria a oposição *semelfactivo* (fato verbal expresso como único, singular, ocorrendo apenas uma vez) x *repetido* (iterativo ou freqüentativo). Assim, aquilo que as gramáticas normativas chamam de verbos iterativos ou freqüentativos, como *saltitar*, expressa, muitas vezes, repetições de fatos verbais singulares, nesse caso, do fato verbal expresso pelo verbo *saltar* (esse, um semelfactivo). O par *saltar x saltitar* seria, então, melhor compreendido se analisado como exemplo da aplicação da categoria de Número para os verbos. Deve ser ressalvado, todavia, que não são todos os verbos apontados pelos gramáticos escolares como iterativos e freqüentativos que podem ser assim analisados. A esse respeito, uma abordagem mais detida é feita no terceiro capítulo (pg. 40).

Desse modo, restringir a aplicação da categoria de Aspecto a verbos no Número singular implica automaticamente o afastamento do iterativo como um "tipo" aspectual. É essencial que isso seja observado, visto que a repetição de um fato não pode, a rigor, ser interpretada como pertinente à sua constituição temporal interna. No caso da *interação* têm-se claramente fatos verbais idênticos que se repetem no tempo. São portanto fatos *que se sucedem* na linha de tempo não se fazendo necessariamente referência à constituição temporal interna de cada um deles. Temos aí portanto o caso de fatos distribuídos no tempo e não de tempo interno ao fato. Podemos marcar aspectualmente cada um desses fatos, é verdade, mas a simples ocorrência da *iteração* não se configura como aplicação da categoria de Aspecto, no meu entender.

Aspecto e a Noção de Iminência e Habitualidade do Fato

A limitação do âmbito da categoria à constituição temporal interna de um fato verbal resulta também na exclusão de algumas outras noções como, por exemplo, a *iminência* e a *habitualidade,* muito citadas como possibilidades ou "tipos" aspectuais, do âmbito da categoria.

O chamado *iminencial* que ocorre em português em frases do tipo:

(14) Ele está para chegar.

(15) O prédio estava prestes a desabar.

não é um tipo aspectual porque não refere a estrutura temporal interna do fato, mas sim momento anterior a esse fato. Na realidade, o iminencial não indica o preciso ponto temporal em que se encontra aquilo que acontece, porque o que indica é apenas uma expectativa que há, que houve ou que haverá daquilo que ocorreu ou que ocorrerá em seguida. Nada nessas construções verbais indica que o falante leva em consideração a estrutura temporal interna do fato que está sob expectativa. Assim, que informações os exemplos (14) e (15) nos fornecem sobre a temporalidade interna dos fatos verbais *chegar* e *desabar*? Ao meu ver, esses fatos estão referidos perfectivamente, sem referência à constituição temporal interna, e a presença das expressões iminenciais *estar para e prestes a* nada nos informa sobre o tratamento da temporalidade interna dos fatos verbais *chegar* e *desabar*. Admito, contudo, que assim como se passa com fatos iterativos, o iminencial possa ser usado para referência a uma fase de um processo, se inserida num discurso que assim a trate. Num exemplo imaginado como o que vem a seguir (exemplo (16)), as formas iminenciais (grifadas) podem, ao meu ver, ser encaradas como fases do processo geral que, no caso, está expresso por "tem realizado seus sonhos", mas não podem ser encaradas como fases dos processos de *construir* ou de *comprar:*

> (16) Nos últimos tempos, meu irmão tem realizado seus sonhos: no ano passado comprou um terreno; em janeiro *estava para construir* a casa; em março começou a construção e parece que em dezembro a casa estará pronta. Depois, parece que ele vai *partir pra comprar* outro terreno.

Também a *habitualidade* tem sido apontada como um traço aspectual. Todavia, no que se refere ao possível tratamento da constituição temporal interna que resulte em *habitualidade*, julgo que, assim como para a iteração, algumas reflexões, embora incipientes e por isso merecedoras de maior atenção em estudo específico, se colocam. Em primeiro lugar, porque um fato verbal pode tornar-se habitual por iteração ou por continuidade. Se a habitualidade é conseqüência da continuidade, estamos diante de um fato no Número singular tratado como durativo e aí, portanto, a natureza aspectual do tratamento parece inequívoca. Se, contudo, um fato verbal torna-se habitual por iteração, estamos diante de fato verbal no Número plural, ou seja, fatos verbais idênticos que se distribuem no tempo, e aí já escapamos da constituição temporal interna. É claro que um estudo da categoria não restrita à sua expressão na frase, mas que a observe nos discursos, poderá deparar-se com conjuntos de fatos distribuídos na linha de tempo, externos uns aos outros quanto à constituição temporal interna, mas que para o falante possam representar, juntos, um só processo. Cada fato verbal então funcionaria como uma fase do processo como um todo e poderiam ser encarados como momentos constitutivos da temporalidade interna do processo. Desse modo, numa frase como

(17) Ele sai de casa às oito horas há três anos,

temos um fato habitual por iteração. Já na frase

(18) Ele cria gatos há três anos,

temos um fato habitual por continuidade.

Considero que no exemplo (18) temos um elemento aspectual presente no lexema ([+ *durativo*]), visto que é a expressão de um processo, e que é ratificado pelo circunstancial temporal. Já o exemplo (17) só expressará processo ou fase de processo se inserido num discurso que permita tratar os atos singulares, que conjuntamente configuram a iteração, como fases de um processo.

Assim sendo, a habitualidade por continuidade consiste num determinado tipo de processo. Por isso, não considero que o habitual seja um tipo aspectual. A habitualidade por continuidade assim como, por exemplo, a progressividade, são noções semânticas que, do ponto de vista aspectual, pertencem ao que chamo *Imperfectivo*, o elemento marcado da oposição aspectual. Já a habitualidade por iteração só poderá ser encarada como um processo, e portanto expressão marcada da categoria de Aspecto, se analisada como expressão da categoria nos discursos. Assim, também fatos diversos entre si mas tomados em conjunto podem configurar um processo, e cada um dos fatos pode ser encarado como uma parcela da constituição temporal interna de outro fato verbal mais abrangente, como nos exemplos:

(19) Esta criança não fica quieta: sobe, desce, se senta, se levanta, se mexe o tempo todo.

(20) O ônibus atravessa todo o bairro: ele pára, anda um pouquinho; pára mais adiante, depois anda mais um pouco, pára um pouquinho, e assim passa por todas as ruas.

No exemplo (19) o processo é expresso pelo verbo *mexer-se* e os fatos *sobe, desce, se senta, se levanta* são etapas constitutivas da temporalidade interna de *mexer-se*, se entendermos a categoria de Aspecto como utilizada em termos amplos, ou seja, como expressão de temporalidade interna nos discursos e não nos limites estritos da frase. O mesmo pode ser dito para o exemplo (20) em que o processo global está expresso pelo verbo *atravessar*, sendo que a alternância das formas verbais *pára* e *anda* configura etapas constitutivas do processo de *atravessar*.

Numa série de verbos como

(21) partir – viajar – chegar

cada um desses verbos figura uma etapa de um processo, o processo de *viagem*. Não é muito difícil encontrarmos outras séries como essas. Daí ser necessário estabelecer a distinção entre o tratamento da categoria nos limites da frase, o que implica estabelecer os limites inicial e final da temporalidade interna de cada fato verbal, e o tratamento da categoria nos discursos, nos quais os fatos verbais podem vir a perder a sua individualização como blocos fechados de temporalidade e se diluírem como etapas constitutivas de temporalidade interna de outros fatos verbais.

A "Representação Espacial" do Fato

Resta-nos refletir agora, dentre as características mais presentes nas conceituações da categoria de Aspecto, sobre aquela que designei, seguindo Castilho, por "representação espacial". Como já foi dito anteriormente, a utilização da categoria permite a visualização do processo ou do estado como uma fração de tempo que dura, que ocupa uma parte da linha de tempo.

A esse respeito, coloca-se uma característica da categoria, pelo menos no que respeita à língua portuguesa, que merece atenção. É que a língua portuguesa, como parece ser o caso das demais línguas românicas, expressa o Tempo "antes" do Aspecto, ou seja, excetuando-se as chamadas formas nominais, todas as formas verbais do português, ao serem enunciadas, estão automaticamente expressando Tempo: passado, presente, futuro ou o Gnômico. O mesmo não se passa claramente em relação ao Aspecto. No que diz respeito a essa categoria, a produção do enunciado parece mais adequadamente analisada a partir de um enfoque ligado ao maior ou menor grau de expressividade de que o falante quer carregar o seu enunciado. Importa sobretudo considerar que a escolha aspectual é menos "obrigatória", mais livre, visto que raramente é essencial do ponto de vista estritamente comunicativo. O falante opta por marcar aspectualmente ou não o seu enunciado, a depender da importância que ele atribua à chamada da atenção do ouvinte para a temporalidade interna do fato que expressa. Podemos perfeitamente expressar verbos portugueses, utilizando o termo não marcado aspectualmente, escolhendo, portanto, não incluir as possibilidades marcadas dessa categoria no enunciado. Difícil se faz essa atitude em face da categoria de Tempo porque, sendo esta uma categoria dêitica, impõe limites muito mais rígidos ao falante, que não pode furtar-se ao seu próprio estar no mundo. Assim, o falante vai escolher marcar ou não aspectualmente um enunciado, a depender, por exemplo, do estilo de narração ou da ligação pessoal com esse mesmo fato. A diferença entre Tempo e Aspecto quanto à escolha subjetiva do falante poderia ser talvez explicitada dizendo-se que a escolha do Aspecto é não-obrigatória ("estilística") enquanto a escolha do Tempo é obrigatória, embora possa ser, secundariamente, marcada por um fator "estilístico" (caso do presente histórico, por exemplo).

O fato é que essa capacidade de tornar o fato expresso mais objetivamente observável, mais concreto, é largamente utilizada pelos falantes como veremos nos três últimos capítulos.

PERFECTIVO E IMPERFECTIVO

Estou admitindo, com base sobretudo em Comrie, que a oposição aspectual básica se funda na constatação de que um fato enunciado, desde que referente às entidades de segunda ordem, pode ter sua constituição temporal interna considerada ou não pelo falante. No primeiro caso, temos o *imperfectivo*, termo marcado semanticamente; no segundo, temos o *perfectivo*, termo semanticamente não marcado. Ou seja, o fato tratado perfectivamente ocupa uma determinada posição na linha de tempo e é visto como global, como um ponto fechado, como um todo, um conjunto, do qual não interessa referir a constituição temporal interna, isto é, se ele durou um certo período de tempo ou não, se o falante quer falar só do início da sua realização, ou do meio, ou do fim; ou seja, ele não é observado quanto à maneira como a fração de tempo nele contida é distribuída.

Dessa forma, o *perfectivo* expressa o fato enunciado como global, sem parcializá-lo ou marcar de alguma forma a sua temporalidade interna. Já o *imperfectivo* expressa essa temporalidade interna, ou considerando-a como um fragmento de tempo que se desenrola (expressão da cursividade), ou selecionando fases desse tempo interno (expressão das fases inicial, intermediária ou final), ou expressando, ainda, estados resultativos que dêem relevância lingüística à constituição temporal interna de um processo que os antecedeu. As maneiras de que dispõe o português para atualizar o Aspecto serão tratadas nos próximos capítulos.

ALGUMAS DISTINÇÕES EQUIVOCADAS

A *distinção perfectivo x imperfectivo* causa muitas vezes certa dificuldade de entendimento, porque as noções básicas para o estabelecimento da oposição não são, por vezes, adequadamente colocadas, como alerta Comrie (1976:16 e ss).

Assim, o *perfectivo* refere "falta de referência explícita à constituição temporal interna de uma situação, mais do que explicitamente implica a falta de tal constituição temporal interna. Por isso, é possível para formas perfectivas serem usadas para situações que são internamente complexas, tais como aquelas que perduram por um considerável período de tempo ou incluem um número de fases internas distintas, desde que o todo da situação seja tratado como um conjunto único".

Também Lyons (1980:329) afirma que "aquilo que é objetivamente, e em termos de percepção pelo falante, uma mesma situação, pode ser representado como um processo ou um acontecimento, a depender de o falante se interessar ou não pela sua estrutura temporal interna".

Vimos, quando refletimos sobre os vários tipos de entidades de segunda ordem, que, se elas portam o traço [+ *durativo*] não estabelecem restrições à aplicação da categoria, enquanto que se portam o traço [− *durativo*] estabelecem restrições. Por isso, podemos dizer em qualquer circunstância:

(22) Ficou correndo água durante todo o dia

mas só em circunstâncias muito especiais poderemos produzir uma frase como aquela do nosso exemplo (13):

(13) (?) O vaso permaneceu quebrando durante alguns minutos.

Esses exemplos estão construídos usando formas marcadas aspectualmente, ou seja, são formas imperfectivas que, portanto, fazem referência, chamam a atenção para a temporalidade interna dos processos que se desenvolvem, ou seja, *correr* e *quebrar* (porque no exemplo (13) *quebrar* está sendo tratado como um processo). Poderíamos, todavia, ter construído esses exemplos com formas perfectivas:

(22) a. Correu água durante todo o dia.
(13) a. O vaso quebrou.

O que essas frases evidenciam quanto à constituição temporal interna de *correr* e *quebrar*? Observe que, no caso de *correr*, escolher uma forma perfectiva apenas significa que o falante não quis marcar a temporalidade interna do fato, não significa que *correr* seja [– *durativo*] isto é, que não tenha, já implícito no lexema, o traço [+ *durativo*], que não seja um processo.

No caso de *quebrar*, o uso de forma perfectiva é o mais natural, visto que é um lexema que porta o traço [– *durativo*], portanto muito restrito quanto à expressão marcada de aspectualidade. Observamos, por exemplo, que ficamos impedidos de usar circunstancial temporal durativo com essa forma não marcada aspectualmente.

Outro exemplo de caracterização inadequada é a atribuição ao *perfectivo* da expressão de fatos de curta duração, enquanto o *imperfectivo* indicaria fatos de longa duração; ou a interpretação de que o *perfectivo* é usado para descrever fatos com limites, enquanto o *imperfectivo* descreve a duração ilimitada; ou de que o *perfectivo* é usado para indicar fato pontual ou momentâneo, enquanto o *imperfectivo* indica fato durativo; ou de que o *perfectivo* expressa fato não-acabado, enquanto o *imperfectivo* expressa fato acabado.

O que ocorre é que essas características estão presentes em alguns usos do *imperfectivo* ou do *perfectivo*, mas nenhuma delas é geral a todos os casos e por isso não servem para caracterizar, definir, conceituar a categoria. Evidentemente que, se estamos estabelecendo uma comparação, ou pondo em simultaneidade dois fatos, um dos quais é referido globalmente, como um bloco, enquanto o outro tem a sua constituição temporal interna referida, é natural que tenhamos a impressão de que o fato referido na sua globalidade é mais curto do que o outro, podendo inclusive ser visto como pontual em face do outro, que é nitidamente não pontual. O mesmo se pode dizer no que concerne à referência ou não aos limites. Se referido de maneira global, o fato terá automaticamente seus limites inicial e final marcados, enquanto o fato que faz referência à constituição temporal interna não terá necessariamente esses limites referidos. Já a identificação do *imperfectivo* com o durativo mascara a distinção aspectual básica, no sentido de que a duração é apenas uma das formas de marcar aspectualmente o enunciado, ou seja, uma das formas de se expressar o *imperfectivo*. O que ocorre quanto a esse ponto é que, como já tratado anteriormente, o traço [– *durativo*] restringe a marca *aspectual*, ou seja, restringe a rigor a imperfectivização.

Mas o *imperfectivo* não é apenas durativo. Ele é também expressão de fases internas e de estado resultante.

Quanto à caracterização do *perfectivo* como expressão de *fato acabado* e do *imperfectivo* como expressão de *fato inacabado* parece-me que aí se estabelece uma confusão entre *referência ao ponto terminal de um fato* e *referência ao fato enunciado como acabado*. O que ocorre é que o *perfectivo*, por referir o fato como um todo, refere-se como completo, com princípio, meio e fim, sem enfatizar qualquer das partes constitutivas do seu "tempo interno", quer a parte final, quer qualquer outra.

Realmente, se se considera um fato como *acabado* ele é acabado em relação a quê? Só se pode considerá-lo acabado em relação ao ponto dêitico da enunciação, ao presente, portanto. Daí, a noção de *acabado* ter mais relação com Tempo do que com Aspecto. Todo *perfectivo* implica necessariamente que o fato que se expressa seja visto como um todo no qual se inclui o ponto terminal. Mas isso não implica dizer que todo *perfectivo* refere fatos acabados, porque, se assim fosse, o *perfectivo* seria privativo do tempo passado. Temos, no entanto, e naturalmente, formas perfectivas presentes e formas perfectivas futuras, através das quais o fato é referido como um bloco; mas não se poderia dizer que um fato futuro é acabado. Por essa razão, a utilização do termo *acabado* para caracterizar o *perfectivo* não nos parece adequada.

Assim, como já dissemos, a oposição aspectual básica em português caracteriza-se por opor a não-referência à constituição temporal interna (termo não-marcado, o *perfectivo*) a essa referência (termo marcado, o *imperfectivo*). O *perfectivo*, termo geral da oposição, como todo não-marcado, não admite subdivisões quanto à sua temporalidade interna. O *imperfectivo*, verdadeiro atualizador da categoria como recurso de expressividade no português, admite as seguintes subdivisões: pode referir o fato como em curso; pode referir uma das fases constitutivas da temporalidade interna do fato (inicial, intermediária, final); ou referir o fato como um estado resultante de um processo anterior.

É possível, naturalmente, que outras línguas apresentem outras distinções aspectuais. A atualização da categoria pode, também, manifestar-se de maneira diferente. Sabe-se que em russo, língua sabidamente aspectual, é o *perfectivo* o termo morfologicamente marcado. Mesmo em português, a iteração, a noção de iminência ou a utilização de alguns verbos em seqüência (cf. item pg. 26) podem configurar expressão aspectual se considerados os discursos como um todo. Contudo, como marca aspectual nas frases, essas me parecem ser as possibilidades de expressão da categoria em português. É bom também que fique claro que a utilização dos termos *marcado* e *não-marcado* está sempre sendo feita aqui em função da semântica do enunciado porque observei que, em português, a presença da marca de imperfectivização pode aparecer em pontos diversos da frase, o que naturalmente imperfectivizará o enunciado como um todo. E isso é natural, visto que o termo marcado, mais específico e menos previsível, não pode ser obscurecido pelo termo não-marcado, mais geral, mais neutro e, por isso, menos carregado semanticamente.

RESTRIÇÕES À IMPERFECTIVIZAÇÃO

É importante lembrar que, tal como já mencionado, há traços semânticos que estabelecem restrições de compatibilidade relativamente à liberdade do falante quanto à escolha aspectual, embora, em geral, a categoria em português permita uma escolha estilística mais livre. Assim, um lexema verbal que porte o traço [– *durativo*] é, em geral, apenas compatível com o *perfectivo*. Em conseqüência, fatos que, a partir da classificação das entidades de segunda ordem, são considerados como *processos, atividades* ou *estados* podem ser livremente tratados pelos falantes quanto à escolha aspectual, enquanto os *acontecimentos* e *atos* estão geralmente restringidos quanto a essa possibilidade.

Você deve estar lembrado, contudo, que o lexema pode inclusive ser originalmente [– *durativo*], mas o falante pode escolher tratá-lo como [+ *durativo*], quer leve em conta a sua impressão subjetiva, quer leve em conta outros determinantes, como mudanças no tratamento que se dá a certos fatos, em decorrência, por exemplo, de avanços tecnológicos (como a filmagem em câmara lenta), o que permitiria frases como o exemplo (13), já apresentado:

(13) O vaso permaneceu quebrando alguns minutos.

ou frases como:

(23) A bomba levou meia hora explodindo.

Além do traço [+ *durativo*], o fato enunciado, se é um fato verbal, deve estar no Número singular. Para o claro entendimento desse dado é preciso que se levem em consideração as distinções entre a categoria de Número quando aplicada aos nomes e a mesma categoria quando aplicada aos verbos (cf. item pg. 24). A pluralização de um fato verbal implica ou *iteração*, se o mesmo fato verbal se repete, ou *simultaneidade*, se fatos verbais idênticos ocorrem em paralelo. No item citado discuto as razões que me levam a restringir a aplicabilidade da categoria a fatos verbais no Número singular.

Outra restrição que se coloca à imperfectivização é a sua não-aplicação a fatos tratados como atemporais, em frases que se constroem com o chamado uso gnômico do Presente do Indicativo. Esse ponto mereceria um estudo mais aprofundado, mereceria que se fizessem testes e que se buscassem com segurança as causas, mas o fato é que, se uma frase está expressa utilizando formas do chamado Presente Gnômico, ainda que o lexema permita a imperfectivização, o valor gnômico a impede. Assim, quando se tomam frases do tipo do nosso exemplo (1),

(1) O homem é mortal.

ou outras frases no Gnômico como:

(24) A água ferve a 100°
(3) A força da gravidade atrai os corpos.

e a elas se aplica a imperfectivização, têm-se frases, quando não agramaticais, pelo menos pouco usuais. Senão vejamos:

(1) a. (?) O homem está sendo mortal.
(24) a. (?) A água está fervendo a 100°.
(3) a. (?) A força da gravidade está atraindo os corpos.

A que se deve essa incompatibilidade entre o Presente Gnômico e a imperfectivização?

Uma hipótese de explicação poderia se basear exatamente na condição de fato singular para a aplicação da imperfectivização. As afirmações gnômicas são válidas para todos os tempos, não expressam fatos singulares, individualizados, com limites temporais de início e de fim. São portanto fatos que só podem ser expressos no *perfectivo*, que não podem ter a sua constituição temporal interna delimitada ou muito menos parcializada.

Outra hipótese de explicação, que por sinal não exclui a anterior, mas até a reforça, é que os fatos expressos no Gnômico são do domínio das entidades de terceira ordem, ou seja, são *proposições* que, como já tivemos oportunidade de tratar nas pp. 11 a 13, não se localizam no espaço nem se situam no tempo. Como já fartamente tratado aqui, a categoria de Aspecto é pertinente às entidades de segunda ordem, aquelas que têm como referente, como suporte da representação, o tempo físico.

Lidando com um lexema portador das características antes explicitadas, a saber, portador do traço [+ *durativo*], de Número singular, não-gnômico, o falante se vê diante de duas possibilidades: ou refere o fato expresso pelo verbo globalmente, sem se preocupar em marcar a sua constituição temporal interna, ou o faz. Como já afirmado, a aspectualização em português se faz perceptível através sobretudo da imperfectivização, visto que a forma perfectiva é a forma neutra, a forma não-marcada. Em geral, a perfectividade se apresenta bem clara quando a forma perfectiva aparece no enunciado co-ocorrendo com uma forma imperfectiva, correspondente ou não, o que permite, por contraste, a evidenciação da oposição aspectual no próprio enunciado. Vejamos isso com um exemplo, um pequeno trecho de um diálogo:

(25) A – conseguiu?
B – Estou conseguindo ainda.
A – Espero que você termine de conseguir.

O exemplo pode parecer estranho, mas é verídico. Foi produzido por duas professoras de língua portuguesa da UFBa que conversavam sobre a organização de um evento na escola. É um exemplo muito interessante, ao meu ver, um "achado" mesmo, porque nele a imperfectivização como recurso expressivo fica bem evidenciada. Vamos analisá-lo com algum detalhe: o falante A fez uma pergunta usando um verbo na forma neutra aspectual (em geral, a conjugação dos verbos tal como aparece nas gramáticas normativas, quer ativa, quer passiva, apresenta a forma neutra aspectual – cf. próximo item), um verbo que não se usa em geral com preocupações sobre a sua constituição temporal interna. Mas o falante B quis explicitar que o fato expresso por *conseguir* pode ser visto como um processo, ou seja, pode ser visto como algo que se conquista etapa por etapa. Por isso, o imperfectivizou (através da perífrase *estar + gerúndio*, muito produtiva para a expressão do Aspecto como se verá no último capítulo): o falante B mostrou que *conseguir* era, naquele momento, um processo em curso; então, o falante A assumiu essa interpretação, centrou-se na constituição temporal interna de *conseguir* e expressou o seu desejo de ver esse processo atingir a sua fase final, portanto também o parcializou, o fracionou, como o falante A tinha feito. O exemplo é sobretudo evidenciador das possibilidades expressivas do jogo aspectual em português e da força expressiva da oposição *forma perfectiva x forma imperfectiva* quanto a nuances de significação.

CLASSIFICAÇÃO DAS POSSIBILIDADES ASPECTUAIS NO PORTUGUÊS

A melhor maneira de analisar os enunciados do português quanto à aplicação ou não da categoria de Aspecto, parece-me, é submeter o material sob exame à pergunta: *o fato expresso está referido no enunciado de modo global, como um bloco inteiriço, ou, ao contrário, o fato está referido levando-se em conta que ele tem uma constituição temporal interna, que está no caso sendo marcada?*

Submetido a esse "teste" o material sob exame provavelmente evidenciará a possibilidade de uma só forma verbal para o *perfectivo*, como é natural para uma forma não-marcada, enquanto, para o *imperfectivo*, apresentará formas que refiram o fato como em curso (*imperfectivo em curso* ou *cursivo*); que refiram o fato como parcializado, sendo considerada apenas uma fase constitutiva da sua temporalidade interna (*imperfectivo – fase inicial, fase intermediária, fase final*); que refiram o fato como um estado resultante de um processo (*imperfectivo resultativo*).

A referência em curso considera a constituição temporal interna do fato, sem lhe precisar nenhum momento em especial, e nela estão compreendidas noções semânticas como *duração, continuidade, progressividade*; a seleção de uma das fases constitutivas da temporalidade interna inclui noções como *ingressivo* e *terminativo*.

Julgo conveniente essas explicações, esse detalhamento, porque esses termos são comumente encontráveis em estudos sobre o assunto. O que quero marcar é que, o que estou designando aqui por *imperfectivo em curso* cobre as noções de duração, de continuidade, de progressividade, e o que estamos designando por *imperfectivo* de *fase inicial* e *imperfectivo* de *fase final* cobre respectivamente as noções às vezes designadas pelos termos *ingressivo* e *terminativo*.

Resumindo, pode-se apresentar uma proposta para a conceituação e as possibilidades semânticas de atualização da categoria em português da seguinte forma esquemática:

---

1. *Aspecto:* Categoria lingüística que marca a referência ou não à estrutura temporal interna de um fato. Apresenta duas possibilidades:

1.1. *Perfectivo:* Fato referido como global. Não-marcado para as nuances da constituição temporal interna.

1.2. *Imperfectivo:* Fato referido com marca de sua constituição temporal interna. Semanticamente restringido a lexemas que incluam o traço [+ *durativo*]. Apresenta as seguintes possibilidades:

    1.2.1. *Imperfectivo em curso*
    1.2.2. *Imperfectivo de fase inicial*
    1.2.3. *Imperfectivo de fase intermediária*
    1.2.4. *Imperfectivo de fase final*
    1.2.5. *Imperfectivo resultativo*

Marcar a categoria de Aspecto em português significa, em última instância, imperfectivizar o enunciado. A imperfectivização se manifesta sobretudo através de formas verbais, de circunstanciais temporais e de formas de substantivos e adjetivos. Pode estar atualizada através de lexemas, de morfemas ou de perífrases. Nos próximos capítulos, que pretendem apresentar as possibilidades de atualização da categoria em nossa língua, falarei sobretudo das formas de expressão da imperfectividade, considerando, no entanto, a perfectividade que, como elemento opositor, é, portanto, indispensável.

A ATUALIZAÇÃO DO ASPECTO NAS
FORMAS VERBAIS DO PORTUGUÊS

Óscar Lopes (1971:15) afirma que, no português, "quem pronuncia uma forma verbal escolhe essa forma no meio de cerca de duzentas. Afirmar uma coisa entre duzentas coisas diferentes possíveis é dizer muito mais, dar uma informação muito mais precisa do que quando se escolhe entre duas, quatro..."

Duzentas formas! E será que nessas duzentas Lopes inclui as variadas formas do imperfectivo? Creio que não. Em geral, a conjugação dos verbos em português, tal como a apresentam, por exemplo, as gramáticas normativas, inclui as formas dos Tempos simples e compostos, nos Modos Indicativo, Subjuntivo e Imperativo, nas seis Pessoas (três ditas do singular e três ditas do plural), na Voz ativa e na Voz passiva, além das chamadas formas nominais. Ou seja, apresentam-se as formas verbais relativas às categorias de Tempo, Modo, Pessoa, Número (essa inadequadamente compreendida, ao nosso ver – cf. itens das pgs. 24 e 34) e Voz. Nessa conjugação sistemática não se incluem as formas relativas à categoria de Aspecto. Pois a proposta que aqui se faz é a de acrescentar às "cerca de duzentas" outras muitas para tentar sistematizar o uso que fazemos das formas aspectuais...

Porque, isso é pacífico, nós usamos bastante as distinções aspectuais no português. Tive oportunidade de observar a utilização da categoria ouvindo cerca de vinte e quatro horas de gravação de diálogos informais e também observando ocasionalmente a fala informal cotidiana durante cerca de dois anos e constatei a grande incidência de marcas de distinções aspectuais, sobretudo como recurso expressivo, para tornar o enunciado mais preciso, mais colorido, mais verdadeiro. Foi essa observação que me motivou a testar a conjugação aspectual sistemática que apresento no item da pg. 54.

Mas, antes de chegarmos à conjugação sistemática, vamos nos deter na análise da expressão aspectual através dos lexemas verbais, dos morfemas *derivacionais (afixos)* e da *flexão*. Só depois nos concentraremos na conjugação exaustiva, que se realiza através de *perífrases* e que é, sem dúvida, o recurso mais utilizado pelos falantes para expressar o termo marcado da oposição aspectual.

O ASPECTO VERBAL NOS LEXEMAS

A respeito dessa possibilidade já me ocupei nos itens das páginas 21, 22, 29 e 34. Em síntese, o lexema, não só verbal como de outras classes de palavras passíveis de portar marca aspectual (substantivos, adjetivos, alguns advérbios, algumas conjunções) pode trazer já incluída a referência à constituição temporal interna do fato. Assim, *crescer, progredir, desenvolver, refletir*, são alguns exemplos de verbos cujos lexemas já chamam a atenção do ouvinte para o seu "tempo interno". São em geral verbos que referem processos, atividades ou estados e, como já vimos, é a presença do traço [+ *durativo*] que em geral possibilita a atualização da categoria.

Você deve estar lembrado de que nas páginas 22 e 23 descartei a hipótese de considerar o estudo do Aspecto no lexema como pertencente a outra categoria lingüística, o Modo de Ação *(Aktionsart)*. Para mim, o que ocorre nesse caso é que a categoria de Aspecto se atualiza através do lexema, como a categoria de Número nominal, por exemplo, pode também ser expressa pelo lexema nominal. Assim temos *par, rebanho, maioria,* que são lexemas nominais atualizadores da categoria de Número. Por que tratar diferentemente a categoria de Aspecto reservando-a à morfologia e à sintaxe e postulando outra categoria para sua expressão nos lexemas?

O ASPECTO VERBAL NOS MORFEMAS
DERIVACIONAIS (AFIXOS)

A possível expressão aspectual nos verbos através de morfemas derivacionais (afixos) fica restrita aos sufixos, visto que os prefixos

40

não são em geral referidos como marcadores de Aspecto nem nas gramáticas normativas escolares, nem em outros estudos da categoria, exceção feita por alguns ao prefixo–RE que indica, como é indiscutível, a repetição do fato verbal, o que, para alguns, configuraria a expressão do tipo aspectual "iterativo".

Meu entendimento de iteração (cf. item na pg. 24) exclui, de pronto, a expressão da repetição como tipo aspectual. E nesse particular, estou acompanhada por Castilho (1968:61 – nota 111) e Travaglia (1981:272 e ss.) que não admitiu o prefixo –RE, assim como qualquer outro, como expressão de Aspecto em português.

A questão se coloca como menos pacífica no que concerne aos sufixos. Soares (1984:81) admite que "os verbos que as gramáticas escolares costumam classificar como aspectuais (incoativos, freqüentativos, iterativos, diminutivos, aumentativos) como *amanhecer, ressoar,* etc." têm no seu significado um componente semântico aspectual. Alerta, contudo, para o fato de que esses morfemas constituem um recurso derivacional pouco produtivo em português, resultando no fato de que esses verbos sejam relativamente isolados no conjunto dos verbos portugueses.

Os sufixos que são, em geral, apontados como marcadores de Aspecto pelas gramáticas e são também listados por Castilho e Travaglia são os que apresento a seguir, acompanhados de, pelo menos, um verbo exemplificativo. A respeito desses sufixos, Cunha e Cintra (1985:100) alertam para o fato de que essas formas são compostas, a rigor, dos *sufixos* propriamente ditos + *vogal temática* + *sufixo do infinitivo* (–R). Mas, dizem eles, "como neles essa combinação vale por um todo, costuma-se considerar, não o sufixo em si, mas o conjunto daqueles elementos mórficos, o verdadeiro sufixo verbal". Vejamos, porém os sufixos com seus verbos exemplificativos:

- –EAR: cabecear, folhear
- –ECER: amanhecer
- –EJAR: gotejar, branquejar
- –ICAR: bebericar
- –ITAR: saltitar
- –ILHAR: dedilhar
- –INHAR: escrevinhar
- –ISCAR: chuviscar, mordiscar

Desses verbos, *escrevinhar, mordiscar* e *chuviscar* não contêm nenhuma marca aspectual, no meu entender. A idéia que é acrescida ao

41

lexema pelo sufixo é mais próxima da categoria de Grau, relacionada à noção de diminuição ou de pouca intensidade; os verbos *saltitar* e *bebericar*, além da idéia de diminuição, contêm a noção de iteração, visto que poderiam formar com os verbos *saltar* e *beber* pares representativos da categoria de Número verbal (iterativo x semelfactivo). Quanto a *amanhecer, cabecear, folhear, gotejar, branquejar* e *dedilhar*, podem de fato conter no seu significado o traço [+ *durativo*], provavelmente acrescido ao lexema nominal (que é um lexema [– *durativo*]) pelo sufixo derivacional.

Cabe, porém, uma reflexão baseada sobretudo na afirmação de Soares, há pouco citada. Esses sufixos, excetuando-se talvez o –ECER, são pouco produtivos na língua, e muitos desses verbos não são mais de uso freqüente nos dias atuais.

De fato, os morfemas derivacionais mais freqüentes no português atual que acrescem a verbos a noção de processo, de passagem gradativa de um estado a outro, parecem ser –ECER, -IFICAR e -IZAR, esse último, sem dúvida, o mais produtivo, quer dizer, o recurso de que os falantes mais lançam mão para esse efeito.

O sufixo –ECER é bastante referido na bibliografia gramatical brasileira como indicativo de "começo de ação". Cunha e Cintra (1985:100) dizem ser "o sufixo – ECER (ou –ESC (ER)) característico dos verbos chamados *incoativos*, ou seja, dos verbos que indicam o começo de um estado e, às vezes, o seu desenvolvimento". Inegavelmente esse morfema acresce ao lexema a noção de processo, portanto o imperfectiviza. Quanto à indicação de "começo de ação", parece-me que nem sempre isso se observa.

Vejamos esses exemplos:

(26) Quantos quilos você *emagreceu?*

(27) Acho que Maria mudou muito, *amadureceu.*

(28) Eu não estou entendendo nada; você pode me *esclarecer* a questão?

(29) Nossos cabelos *embranquecem* a olhos *vistos.*

Será que podemos ver em algumas dessas formas verbais grifadas a indicação de começo de processo, ou as formas referem um processo em curso, a passagem gradativa de um estado a outro, sem referir a fase em que o processo se encontra? Parece-me que o que temos é o segundo caso.

O morfema –IFICAR está representado também em grande número de verbos portugueses, de uso corriqueiro, freqüente, como *solidificar, intensificar, glorificar, prontificar-se, modificar, falsificar, petrificar, liquidificar* e *eletrificar*. Indica, como –ECER, a passagem gradativa de um estado a outro, um processo em curso, expressão de imperfectividade.

O morfema –IZAR é, sem dúvida, o mais produtivo deles, ou seja, é o recurso de que mais os falantes lançam mão em termos atuais. Não só pelo grande número de verbos já consagrados na língua, nos quais ele é o atualizador da imperfectividade, como, por exemplo, *realizar, canalizar, enfatizar, concretizar, utilizar, marginalizar, atualizar*, como por ser grandemente utilizado para a criação de novos verbos. Assim, lendo os jornais, assistindo à televisão, conversando, quantas vezes nos deparamos com verbos como *oteenizar/beteenizar* (transformar um valor qualquer em OTNs ou BTNs)? Já estamos acostumados com *computadorizar*, com *informatizar*, talvez até com *problematizar* (e, a esta altura, também com *aspectualizar*...) Mas causaram certa estranheza em Salvador, na última campanha para a sucessão municipal, declarações que defendiam a necessidade de *carnavalizar* a política. Ouvimos de vez em quando pessoas que falam em *pedagogizar* conceitos e temos visto os anúncios televisivos de filmes *colorizados* por computador. Ou seja, se precisamos "criar" um verbo que expresse a passagem de alguma coisa por algum processo, usamos o morfema –IZAR acrescido a um lexema nominal ou verbal. Você vê, por exemplo, que *colorizado* parece significar "que passou pelo processo de receber cor", "que passou do estado de preto e branco ao estado de colorido", o que diferencia esses filmes *colorizados* daqueles que são *coloridos* porque já foram feitos assim.

O ASPECTO EM FORMAS DOS TEMPOS VERBAIS

Como já tive oportunidade de afirmar, a conjugação verbal que aparece sistematizada nas gramáticas escolares apresenta, na sua quase totalidade, as formas verbais no *perfectivo*, forma não-marcada para o Aspecto (exceto quando a imperfectividade já está presente no lexema, naturalmente). Os gramáticos não se preocupam com essa categoria exceção feita a Cunha e Cintra, 1985, que lhe dedicam um capítulo) e quando a ela se referem é de forma marginal, não-sistematizada, em seções tituladas como "Valores dos Tempos verbais" ou "Empregos dos Tempos verbais", nas quais apresentam algumas noções aspectuais, juntamente com outras não-aspectuais, de alguns Tempos verbais. Mesclam, assim, noções como *duração, progressividade, instantaneidade*, essas aspectuais, com noções como *habitualidade, iteração, obrigatoriedade, desejo*, essas não-aspectuais. O que tentei fazer, como contribuição para o estudo do assunto, foi isolar nesse emaranhado as noções que dizem respeito à categoria sob análise e tratá-las sistematicamente.

Algumas formas de Tempos verbais do português carregam, efetivamente, marca de imperfectividade. Assim estou considerando o Gerúndio, o Particípio, o Pretérito Perfeito Composto e o Pretérito Imperfeito (do Indicativo e do Subjuntivo).

O Gerúndio e o Particípio

Você deve estar lembrado que utilizei o Gerúndio e o Particípio em confronto com outras formas verbais no item da pg. 19 para mostrar que essas, diferentemente das demais, não expressam a categoria de Tempo, uma vez que não informam sobre o momento do enunciado em relação ao momento da enunciação. Mas referem de uma determinada forma o tempo físico, uma vez que o Gerúndio expressa processo e o Particípio expressa estado como resultado de um processo. De fato, essas formas são conhecidas como formas nominais, não só porque a uma delas, o Particípio, podem-se associar morfemas relativos às categorias nominais de Gênero e Número, mas também porque essas formas não expressam as categorias que mais especificamente identificam os verbos: não expressam Pessoa, nem Modo, nem Tempo. As categorias que o Gerúndio e o Particípio atualizam são Aspecto e Voz. O Gerúndio expressa imperfectividade em curso e Voz ativa, e o Particípio expressa imperfectividade resultativa e Voz passiva.

Por isso, é através dessas formas que a língua portuguesa expressa mais amplamente o Aspecto. Como veremos mais adiante, na pg. 51, com essas formas se constroem as perífrases verbais, que constituem o recurso mais produtivo para a expressão aspectual em português.

44

Chamei a atenção também para a utilização que os falantes do português fazem do contraste expressivo entre essas duas formas. Seguem-se dois exemplos, verídicos, ouvidos por mim, nos quais os falantes contrastam um processo em curso com o resultado desse processo através do confronto Gerúndio x Particípio:

(30) A – Então, daqui a mais algum tempo você estará retornando, não?
B – É, estarei... *Retornando*, não! *Retornada*.

(31) A – Tá *chegando* também?
B – Eu? Tô *chegada* desde as sete horas.

O Pretérito Perfeito Composto

Óscar Lopes (1971:232) lembra que a denominação Pretérito Perfeito Composto se deve à fase do português antigo na qual a forma com essa denominação configurava efetivamente um passado em relação ao momento da fala. Naquele tempo a forma do Particípio aparecia concordando em Número com o complemento direto. Por exemplo,

(32) Tenho esses assuntos estudados,

e, nas palavras de Lopes, "o que se dizia era: *tenho/possuo/disponho de estes assuntos estudados*". Ainda segundo Lopes, esse é o valor que se mantém em frases feitas atuais, como "Tenho dito". Embora, ao meu ver, pelo menos para o português do Brasil, não possamos classificar a forma "tenho dito" como tão atual, aceito a explicação de Lopes para a denominação desse Tempo verbal que, para a forma de que hoje dispomos e para o uso que hoje dele fazemos, não é muito apropriada. Por isso, provavelmente, Ilari (1984) propõe chamá-la de Passado Composto.

É oportuno, ao tratar desse Tempo verbal em face da categoria de Aspecto, lembrar que não existe, como alguns autores sugerem, nenhuma vinculação obrigatória entre os Tempos simples e a categoria de Tempo e os Tempos compostos e a categoria de Aspecto. O Pretérito Perfeito Composto é o único Tempo composto do português que pode, em certas circunstâncias, portar traço de imperfectividade, enquanto um Tempo simples, como o Pretérito Imperfeito (que analisaremos no próximo item), também pode portar esse traço de marca aspectual. Os

Tempos compostos em português são em geral também Tempos relativos que, como já tratado na pg. 17, são pertinentes à categoria verbal de Tempo, não de Aspecto. E, como veremos ao tratar a conjugação aspectual (pg. 54), desde que estejam presentes no lexema os traços imprescindíveis, os verbos do português, em qualquer Tempo, simples ou composto, podem ser conjugados com marca aspectual através das perífrases apropriadas.

Ilari apresenta uma relação de características semânticas do Pretérito Perfeito Composto que podem nos servir de base para a avaliação da sua possibilidade de atualizar o Aspecto. Excluindo-se aquelas que não importam para a nossa análise, são elas:

1. Exprime reiteração (mesmo independentemente de presença de advérbio indicando freqüência);

2. Assume eventualmente um valor de continuidade;

3. A repetição ou continuidade a que se refere dizem respeito a um período que, começando no passado, alcança o momento da fala e eventualmente o ultrapassa;

4. A distinção entre valor durativo e reiterativo tem a ver com características aspectuais do lexema verbal; em geral, interpretação durativa, se se aplica a predicados de estado, e reiterativa, se se aplica a predicados de ação.

Em primeiro lugar, julgo ser necessário fazer observações às características apresentadas:

a) parece que *reiteração* e *repetição* estão usados como termos sinônimos e se identificam com o que venho designando por iteração;

b) parece que continuidade e valor durativo também estão usados como sinônimos;

c) considero que a interpretação durativa pode também se aplicar a predicados que indicam processos e não só a predicados de estado.

Como você vê, mais uma vez estamos diante da questão de decidir, antes da avaliação sobre a aplicação ou não da categoria de Aspecto, se o enunciado refere um estado ou um processo (caso em que a constituição temporal interna pode ser facilmente observada por se tratar de duração ou permanência), ou se o enunciado refere uma série de fatos verbais idênticos que se seqüenciam no tempo (caso em que não podemos, a rigor, dispor de constituição temporal interna a ser considerada – por se tratar de iteração).

E é realmente isso o que ocorre quando lidamos com uma frase cuja forma verbal é de Pretérito Perfeito Composto. A decisão sobre o valor durativo ou iterativo se prende normalmente a traços do lexema verbal, à utilização de circunstanciais temporais e até ao complemento verbal. A forma verbal em si mesma apenas nos chama a atenção para essa decisão interpretativa, porque sugere constituição temporal interna, já que, como explicita Ilari na característica de número 3, refere "um *período* que, começando no passado, alcança o momento da fala e eventualmente o ultrapassa".

Observando essa forma verbal em exemplos, podemos ver que, em alguns casos, ela é ambígua quanto ao valor iterativo ou durativo:

(32) *Tenho sofrido* muita influência da religião desses três anos para cá.

(33) Nestes últimos anos, *tenho tido* muito sucesso.

Em outros exemplos, o lexema verbal sugere uma interpretação iterativa:

(34) Muitos estrangeiros *têm vindo* aqui.

(35) De um certo tempo para cá, *tem acontecido* muita coisa com o João.

(36) Atualmente eu *tenho saído* mais na sexta ou sábado.

(37) Você *tem levado* seu filho ao parque?

Nos exemplos seguintes, o lexema aponta para uma interpretação durativa, contínua:

(38) Você sabe que eu *tenho mantido* o regime até hoje.

(39) Ele *tem-se desenvolvido* muito nestes últimos meses.

Há casos ainda em que o complemento verbal e/ou o circunstancial temporal asseguram a interpretação iterativa:

(40) *Tenho feito* **feira** semanalmente.

(41) Ultimamente eu *tenho tomado* mais **táxi**.

Assim, se temos o Pretérito Perfeito Composto, deveremos analisar se no enunciado o seu valor semântico é de continuidade ou de iteração para que o possamos considerar como expressão da imperfectividade ou não.

O Pretérito Imperfeito

Essa forma verbal indica normalmente uma continuidade ou iteração no passado. E muitas vezes essa continuidade ou iteração se constituem em habitualidade. Na verdade, o Pretérito Imperfeito representa aquilo que se poderia chamar o presente do passado, no sentido de que configura, em relação a fatos do passado, a mesma continuidade ou iteração e, por vezes, habitualidade que o Presente tem em relação ao momento da enunciação. Assim ele representa, nas palavras de Coseriu (1980:19) uma "linha de realidade não diminuída" sobre a qual outros fatos verbais se localizam como sobre uma linha de fundo.

Encontra-se por vezes em estudos gramaticais o entendimento do Imperfeito como a expressão de fatos passados inacabados, enquanto o Pretérito Perfeito referiria fatos passados acabados. A questão da noção de *acabado* x *não-acabado* como ponto base de distinção aspectual já foi tratada na página 31, mas aqui ela se coloca como essencial. Na verdade, tanto os fatos expressos pelo Pretérito Perfeito como pelo Pretérito Imperfeito são fatos passados. Ocorre que, enquanto o uso do Pretérito Perfeito implica necessariamente a afirmação do fato como acabado, o Pretérito Imperfeito é não-marcado para essa noção, ou seja, nada informa sobre a existência ou não do limite final do fato enunciado. Que o fato teve um fim, o ouvinte deduz, visto que o falante utilizou uma forma de Pretérito, mas a marca do limite final não está lá, na forma de Imperfeito. Pensando bem, vemos que, se o Imperfeito significasse *que o fato não acabou*, então ele expressaria um fato verbal que se inicia no passado e se estende até o presente, quando esse não é o seu conteúdo semântico – essa é a noção expressa pelo Pretérito Perfeito Composto. Senão vejamos. Quando alguém diz:

(42) Eu estudava francês,

o ouvinte entenderá que o falante continua estudando francês? Parece-nos claro que não. O que o ouvinte interpreta em relação ao fato de *estudar* é que a forma verbal utilizada chama a atenção para uma certa duração no passado, mais evidenciada na forma do Imperfeito que na forma de Pretérito Perfeito, como na frase:

(43) Eu estudei francês.

É essa noção de duração que confere ao Imperfeito o seu valor imperfectivo. Ele refere a constituição temporal interna de um fato, expressando-o, a depender do lexema, como durativo no passado, enquanto o Pretérito Perfeito expressa um fato passado perfectivamente, como um bloco fechado. Daí não poder deixar de referir implicitamente o limite final, enquanto o Imperfeito nada informa sobre esse limite final.

Será o lexema a indicar se a habitualidade expressa pelo Imperfeito é devida à continuidade ou à iteração. Assim, exemplos como:

(44) Infalivelmente *estourava* uma bomba às nove horas,

só podem propiciar uma interpretação iterativa, porque *estourar* é verbo cujo lexema porta o traço [– *durativo*], o que impede a imperfectivização. Se o lexema tem o traço [+ *durativo*], o Imperfeito automaticamente referirá a cursividade no interior da temporalidade do fato, como no seguinte exemplo:

(45) Quando criança, eu *lidava* com horta.

O que de mais interessante ocorre quanto ao Pretérito Imperfeito do ponto de vista da categoria de Aspecto é a sua grande utilização para expressar imperfectividade, que se torna patente quando em contraste, no enunciado, com o Pretérito Perfeito Simples (para o caso do Indicativo) e Composto (para o caso do Subjuntivo, porque não há Pretérito Perfeito Simples para o Subjuntivo, em português), esses, de valor perfectivo.

É inegável que a utilização dos Pretéritos Imperfeito e Perfeito como um par opositivo aspectual é muito freqüente. Como explicar esse recurso de que os falantes se utilizam? Parece que são algumas características interligadas que o permitem. Ou seja: o morfema flexional de Pretérito Perfeito tem, em si mesmo, o valor perfectivo, singular; não acrescenta ao lexema o traço [+ *durativo*], ou seja, não o transforma na expressão de um processo; por ser global, refere, inclusive, o ponto terminal da constituição temporal interna desse fato, e, por ser passado, afirma esse ponto terminal como anterior ao ponto-dêitico da enunciação. Já o morfema flexional do Pretérito Imperfeito, se acrescido a um lexema [+ *durativo*] o imperfectiviza, expressando-o como um processo singular; se acrescido a um lexema [– *durativo*], o evidencia como iterativo. Além disso, é não-marcado quanto ao ponto terminal do fato verbal, o que é natural, visto tratar-se de um elemento imperfectivo.

Assim, se o falante dispõe de dois fatos no passado, sendo um deles [+ *durativo*], estão presentes as condições para que ele expresse o fato durativo imperfectivamente, estendendo-se no tempo (usando o Imperfeito) e expresse o outro fato perfectivamente, como um ponto sobreposto à linha de duração expressa pelo Imperfeito.

Vou tentar esclarecer mais um pouco essa possibilidade, analisando os seguintes exemplos:

(46) Eu lavei os pratos. Ele chegou.

(47) Eu lavava os pratos. Ele chegou.

No exemplo (46) os dois fatos referidos são singulares, perfectivos e independentes. Podem ter ocorrido um em seguida ao outro, ou não, podem até ter sido simultâneos, mas a maneira como está formulado o enunciado não os relaciona entre si quanto ao Tempo. São ambos fatos passados em relação ao momento da fala (isso fica nitidamente expresso), mas nada é dito sobre a relação temporal que eles mantêm entre si.

Já no exemplo (47), construído exatamente da mesma forma que o exemplo (46), exceto pela flexão verbal de Imperfeito que substitui a flexão verbal de Perfeito, entende-se o primeiro fato expresso (*lavar*) como singular continuado (portanto, imperfectivo) e o segundo fato (*chegar*) como singular, sem referência à constituição temporal interna (portanto, perfectivo). Nesse uso contrastivo, aquilo que já chamei no item da página 28 de "representação espacial" do fato é bastante ressaltado. Realmente, o fato expresso no imperfectivo parece ficar visível, é como se o víssemos acontecendo no tempo, se estendendo, e o segundo fato é visto como um ponto que é colocado no interior desse fragmento que se desenrola "aos nossos olhos".

Observe que no exemplo (47) podemos introduzir um elemento temporal durativo como *enquanto*, mas não podemos fazer isso no exemplo (46):

(46 a) * Enquanto eu lavei os pratos, ele chegou.

(47 a)   Enquanto eu lavava os pratos, ele chegou.

Assim, o contraste Pretérito Imperfeito x Pretérito Perfeito, além de marcar ambos os fatos como passados, relacionando-os, portanto, com o momento do enunciado, estabelece também uma relação temporal dos fatos entre si, o fato perfectivo como um ponto de interseção, penetrando na constituição temporal interna do fato imperfectivo.

Vejamos alguns exemplos dessa utilização contrastiva (usarei grifo para as formas perfectivas e negrito para as formas imperfectivas). São exemplos verídicos, retirados de gravações de diálogos informais:

(48) O sujeito ficou esperando que eu **servisse** o açúcar e eu esperando que ele **servisse** o café, e um e outro não se **entendia**, eu *perguntei* então: por que é que o senhor não serve o café?

(49) Nós *ocupamos* o terreno enquanto a Embasa **desapropriava** o terreno.

(50) Quando eu *plantei* a romã, essa árvore **estava** bem cheinha e **estava dando** flores.

(51) Quando eu *cheguei* em casa pra almoçar ele havia piorado. Ele **estava comendo**. À medida que ele **comia**, ele **evacuava**. Aí minha esposa *falou* que foi a médica que não tinha acertado.

O ASPECTO VERBAL EM PERÍFRASES

Tivemos a oportunidade de observar que os verbos que são tradicionalmente chamados "de ligação" ou "copulativos", quando associados às formas nominais Gerúndio e Particípio, constroem perífrases que expressam Aspecto e Voz, além, naturalmente, da marca da categoria de Tempo também presente através do morfema Modo-temporal acrescido ao primeiro verbo. Assim, nessas perífrases com Gerúndio temos a expressão de Aspecto imperfectivo em curso (processo) e Voz ativa, enquanto naquela com Particípio temos a expressão de Aspecto imperfectivo resultativo (estado resultante de processo anterior) e Voz passiva. No decorrer dos dois próximos itens as nuances aspectuais decorrentes dessas combinações ficarão evidenciadas.

Os Auxiliares Aspectuais

Os verbos que funcionam como auxiliares aspectuais, como já foi dito, são os da série que tradicionalmente se identificam como "verbos copulativos" ou "de ligação", além dos verbos *começar (a), ir* e *acabar (de)* ou semanticamente equivalentes, esses últimos para expressão do *imperfectivo* de fases. Antes de verificarmos a sistematicidade de ocorrência dessas perífrases, o que será feito no item seguinte, vamos refletir um pouco sobre a série de verbos "de ligação" relativamente às noções semânticas que veiculam e suas implicações com as noções aspectuais.

Na *Gramática da Língua Portuguesa* de Mateus *et alii* (1983:136, 238 e 339), as autoras defendem o ponto de vista de que os verbos dessa série são variantes aspectuais entre si. Aliás, essas autoras dedicam um capítulo dessa gramática ao Aspecto e declaram estranhar que os gramáticos portugueses não se dediquem mais à análise dessa categoria, visto que o português é uma língua que tem, lexicalizada, a distinção aspectual *ser x estar*.

Elas se colocam a questão: "Qual a razão por que certos predicadores selecionam obrigatoriamente *ser* e outros selecionam *estar*?" (1983:139). De fato. Alguns predicadores (que, no caso, são os elementos lingüísticos, geralmente adjetivos, que acompanham esses verbos nos tradicionalmente denominados *predicados nominais*) podem ser usados com *ser* ou com *estar*, mas muitos outros ou se empregam com *ser* ou se empregam com *estar*. Vejamos uns exemplos:

(52) Ele é doente

(53) Ele está doente.

(54) Ele é um homem baixo.

(55) * Ele está um homem baixo.

(56) * Ele é cansado.

(57) Ele está cansado.

Naturalmente que devemos estar atentos sempre à relatividade dos julgamentos de agramaticalidade. Mas suponho que seja razoável admitir que, enquanto o adjetivo *doente* pode ser empregado com *ser* ou com *estar*, a depender daquilo que o falante queira expressar, o adjetivo *baixo* rejeita ou pelo menos estranha o verbo *estar*, tanto quanto o adjetivo *cansado* em relação ao verbo *ser*.

A resposta proposta pelas autoras sugere que *ser* é "selecionado por predicadores que exprimem propriedades de individuais" e *estar* é "selecionado por predicadores que exprimem propriedades de manifestações temporalmente limitadas de individuais". Isto é, *estar* é usado quando a predicação é "temporalmente limitada", não válida para qualquer tempo, mas sim apenas para um período de tempo delimitado. De uma certa forma trata-se da distinção entre *estado permanente* x *estado transitório*. Assim, *ser* se emprega para referir estado permanente (*ser um homem baixo*, por exemplo) e *estar* se emprega para referir estado transitório (*estar cansado*, por exemplo). Quando a predicação pode ser atribuída tanto em caráter permanente quanto em caráter transitório podemos usar um ou outro verbo.

Mas as autoras alertam para o fato de que a escolha não é apenas entre esses dois verbos, entre essas duas possibilidades – estado permanente ou estado transitório. Alertam que nós temos em português uma gama maior de escolha: podemos, por exemplo, expressar se o estado permanece inalterado ou se é diferente de outro anterior.

Vamos tentar refletir sobre essas possibilidades para o português, embora sem seguir à risca a proposta de Mateus *et alii*.

De fato os verbos dessa série são variantes aspectuais entre si. Aliás, a gama variada de noções semânticas que esses verbos veiculam, além do fato de sua alternância de uso não ser livre, faz-me discordar de que devam ser considerados como meros elementos de ligação sintática, como se fossem vazios de significação própria, servindo apenas de veículo para "carregar" morfemas de Tempo, Modo e Pessoa. Talvez a melhor denominação para esses verbos seja "verbos estativos", como aliás propõem Mateus *et alii*.

Vamos nos deter na análise dos seguintes verbos dessa série: *ser, estar, ficar, permanecer, andar, continuar*. Estou excluindo o verbo *parecer*, que compõe, em termos tradicionais, essa série de sete verbos "de ligação", porque ele não se constitui em variante *aspectual* do verbo *ser*, mas funciona como variante desse verbo no que diz respeito à modalidade.

O verbo *ser* parece ser o verbo perfectivo da série. Expressando um estado permanente, uma manifestação de propriedade de individuais *não* limitada temporalmente, funciona como uma espécie de gnômico. Mesmo quando seu uso não expressa atemporalidade, o que permite, portanto, a colocação dos estados que ele refere no passado, no presente ou no futuro, a predicação que ele atribui é sempre colocada como válida e permanente por um fragmento de tempo encarado como um bloco fechado, cuja estrutura temporal interna não é tomada como referência. Assim, quando estivermos observando a "conjugação aspectual", veremos que ele não forma perífrases imperfectivas. Por exemplo, a sua associação com o Gerúndio de qualquer verbo é sempre agramatical:

(58) *É lendo
(59) *Era lendo
(60) *Será lendo

e assim por diante. Ele é, como já dissemos, o verbo perfectivo da série, incapaz de imperfectivizar. A referência aspectual imperfectiva fica por conta dos demais verbos dessa série.

O verbo *estar* coloca automaticamente o fato verbal referido num fragmento de tempo, ou seja, recorta a temporalidade, atribuindo ao fato verbal um período de vigência, ao tempo em que refere a estrutura temporal interna desse fato como *em curso*. Em suma, permite a "visualização" do estado.

O verbo *ficar* difere do verbo *estar* porque, enquanto esse último indica um estado temporário, o primeiro indica um estado decorrente de um processo de passagem, de transformação. Expressa também o imperfectivo em curso.

O verbo *permanecer* funciona como *ficar* quanto ao valor de imperfectivização, mas não tem a possibilidade de expressar que o estado é decorrente de uma passagem, de mudança. Assemelha-se ao verbo *continuar* que também refere a imperfectividade do fato verbal, atribuindo-lhe o valor de estado que dura no tempo e cujo início se situa no passado.

O verbo *andar* refere o fato verbal como imperfectivo em curso, atribuindo uma certa indefinição quanto à regularidade desse curso.

De comum entre si têm todos os chamados "verbos de ligação", exceto o verbo *ser*, a capacidade de expressar a imperfectividade em perífrases com o Gerúndio ou o Particípio de outros verbos. São, contudo, todos eles considerados aqui como verbos auxiliares aspectuais, incluído o verbo *ser*, visto que ele permite a expressão da forma neutra aspectual, isto é, a forma perfectiva.

A "Conjugação Aspectual"

Como veremos adiante, se estão presentes no lexema verbal os traços imprescindíveis ([+ *durativo*], Número singular, não-gnômico –

cf. item à pg. 34), pode-se expressar imperfectivamente, apenas com algumas pequenas restrições, qualquer verbo do português, em qualquer Tempo, nos Modos Indicativo e Subjuntivo e nas tradicionais Vozes (ativa e passiva). Assim, concordamos com Santos (1967:123) quando afirma que "o verbo em português conjuga-se, com exceções mínimas, em sistemas completos que expressam, um deles, o valor relativo à categoria de Tempo e o outro, o valor relativo à categoria de Aspecto".

É dessa sistematização, dessa verificação exaustiva que se ressentem os estudos gramaticais do português. Um estudante ou qualquer outro interessado, que busque, nas gramáticas escolares ou em livros similares, onde se encaixam formas como *está escrevendo* ou *esteve preso* não as localizará, ou, se conseguir fazê-lo, ficará com a impressão de que essas formas são marginais, raras e, ainda, de que ocorrem muito salteadamente, só para alguns Tempos verbais, sem que se discutam os verbos que as permitem, os que as rejeitam, quais os auxiliares que as formam, etc.

Essa é a tentativa que trago nesse item. Nos quadros de conjugação que se verão adiante, aparecem as primeiras Pessoas das formas verbais tradicionalmente apresentadas como constituintes da conjugação completa, acompanhadas da sua presumível forma imperfectiva (nos quadros, denominadas "perífrases imperfectivas possíveis").

Excluí apenas as formas do denominado Modo Imperativo, visto que não procedi a uma apuração sistemática da possibilidade de perífrase imperfectiva para esse Modo verbal, embora julgue perfeitamente possível a ocorrência de perífrases imperfectivas com Gerúndio para o Imperativo, como a seguinte série:

(61) *Fala* – está falando   *Falai* – estai falando
       fica falando   ficai falando
       permanece falando   permanecei falando
       continua falando   continuai falando
       anda falando   andai falando
       começa a falar   começai a falar
       vai falando   ide falando
       acaba de falar   acabai de falar

Ocorre que, pelo menos para o português brasileiro, que tem o uso do pronome TU com formas de segunda Pessoa muito restringido e não usa a forma *vós*, os falantes substituem as possíveis formas imperativas imperfectivas pelas formas do Presente do Subjuntivo, recurso, aliás, sistemático para o uso do Imperativo com os pronomes *você* e *vocês*.

Outro ponto que merece destaque na "conjugação aspectual sistemática" que a seguir se apresenta é a questão da Voz passiva.

É sabido que alguns autores (cf., por exemplo, Lemle, 1984: 122 a 125) têm negado à perífrase *ser* + *particípio* a expressão da categoria de Voz no português, inclusive pondo em discussão a própria categoria. Não vou entrar nessa discussão. A categoria de Voz está sendo aqui aceita como uma possibilidade para a língua portuguesa e admito a sua expressão através da perífrase *ser* + *particípio*, embora não só através dela. Na verdade, julgo que o traço semântico relativo à categoria de Voz está embutido no Particípio em si.

A minha preocupação maior quanto a essa questão esteve associada ao estabelecimento dos verbos auxiliares que poderiam construir a Voz passiva em português e ao estabelecimento das compatibilidades entre as categorias de Aspecto e Voz.

Como já desenvolvido no item da página 44, estou admitindo que as formas nominais de Gerúndio e Particípio expressam Aspecto e Voz. O Gerúndio não expressa Modo, nem Tempo; expressa Aspecto (imperfectivo em curso) e Voz (ativa); também o Particípio não expressa Modo, nem Tempo; expressa Aspecto (imperfectivo resultativo) e Voz (passiva). Entendo que tanto o Gerúndio (que expressa processo) quanto o Particípio (que expressa estado) são compatíveis com a imperfectivização, uma vez que processos e estados são entidades de segunda ordem que portam o traço [+ *durativo*], portanto passíveis de referência à constituição temporal interna.

A utilização de perífrases com Gerúndio para indicar Aspecto (embora quase sempre restringida ao auxiliar *estar*), tem sido fartamente citada como expressão aspectual. O mesmo não ocorre, contudo, no que se refere à perífrase com o Particípio. Todavia, no meu entender, expressando o Particípio um estado, pode ser referido perfectiva ou imperfectivamente. Assim, quando se associam ao Particípio (logo, a um estado), os chamados verbos "de ligação" que, como já foi dito e excetuando-se o verbo *parecer*, funcionam como auxiliares de imperfectivização, podem expressar o curso do estado, o fragmento de tempo necessário à sua realização: podem, portanto, imperfectivizá-lo. Essa possibilidade demonstrou-se viável, como veremos nos quadros da conjugação, pelo menos para os auxiliares *estar, ficar* e *permanecer*. Quanto aos verbos *andar* e *continuar*, não parecem compatíveis com essa possibilidade, provavelmente devido ao seu traço de dinamicidade que os estados rejeitam.

Ocorre ainda uma possibilidade interessante: a forma constituída de *verbo auxiliar aspectual* + *particípio*, expressão imperfectiva do estado, pode ser novamente imperfectivizada pelo acréscimo do Gerúndio do verbo *ser*, o que produz a expressão imperfectiva de um processo que vai constituindo o estado. É o que denomino nos quadros de "perífrase duplamente imperfectiva".

Essas possibilidades de expressão aspectual no português podem talvez ficar mais explicitadas se analisamos a seguinte série, usando para exemplo o verbo [+ *durativo*] *escrever:*

(62) Forma   perfectiva ativa – *escreve*
Forma imperfectiva ativa – *está escrevendo*
Forma perfectiva passiva – *é escrito*
Forma imperfectiva passiva (estado) – *está escrito*
Forma imperfectiva passiva (processo) – *está sendo escrito*

Foram, portanto, os matizes semânticos referentes ao domínio da categoria de Aspecto acima expostos que procurei evidenciar, a partir da construção das perífrases imperfectivas possíveis nos quadros de "conjugação aspectual" que se seguem, para o que utilizei, como já foi dito, os verbos *ser, estar, ficar, andar, continuar, permanecer*, para os quais admito a denominação de "estativos" relativamente ao seu valor semântico e sugiro a denominação de "auxiliares aspectuais", enquanto elementos de construção das perífrases aspectuais. A esses, foram acrescentados os verbos *começar (a), ir* e *acabar (de)* que permitem a construção das perífrases imperfectivas de fase inicial, intermediária e final.

QUADRO DA VOZ ATIVA

TEMPO VERBAL	PERÍFRASES IMPERFECTIVAS POSSÍVEIS
INDICATIVO **PRESENTE** Leio	estou lendo fico lendo ando lendo continuo lendo permaneço lendo começo a ler vou lendo acabo de ler
PRET. PERF. SIMPLES Li	estive lendo fiquei lendo andei lendo continuei lendo permaneci lendo comecei a ler fui lendo acabei de ler
PRET. PERFEITO COMPOSTO Tenho lido	tenho estado lendo tenho ficado lendo tenho andado lendo tenho continuado lendo tenho permanecido lendo tenho começado a ler *tenho ido lendo tenho acabado de ler

TEMPO VERBAL	PERÍFRASES IMPERFECTIVAS POSSÍVEIS
INDICATIVO FUTURO DO PRESENTE SIMPLES	estarei lendo/vou estar lendo ficarei lendo/vou ficar lendo
Lerei/Vou ler	andarei lendo/vou andar lendo
	continuarei lendo/vou continuar lendo
	permanecerei lendo/vou permanecer lendo
	começarei a ler/vou começar a ler
	irei lendo/(?) vou ir lendo
	acabarei de ler/vou acabar de ler
FUTURO DO PRESENTE COMPOSTO	terei estado lendo
Terei lido	terei ficado lendo
	terei andando lendo
	terei continuado lendo
	terei permanecido lendo
	terei começado a ler
	terei ido lendo
	terei acabado de ler
FUT. DO PRETÉRITO SIMPLES	estaria lendo
Leria	ficaria lendo
	andaria lendo
	continuaria lendo
	permaneceria lendo
	começaria a ler
	iria lendo
	acabaria de ler

TEMPO VERBAL	PERÍFRASES IMPERFECTIVAS POSSÍVEIS
INDICATIVO PRETÉRITO IMPERFEITO Lia	estava lendo ficava lendo andava lendo continuava lendo permanecia lendo começava a ler ia lendo acabava de ler
PRET.MAIS-QUE-PERFEITO SIMPLES Lera	estivera lendo ficara lendo andara lendo continuara lendo permanecera lendo começara a ler fora lendo acabara de ler
PRET. MAIS-QUE-PERFEITO COMPOSTO Tinha lido	tinha estado lendo tinha ficado lendo tinha andado lendo tinha continuado lendo tinha permanecido lendo tinha começado a ler tinha ido lendo tinha acabado de ler

TEMPO VERBAL	PERÍFRASES IMPERFECTIVAS POSSÍVEIS
INDICATIVO FUT. DO PRETÉRITO COMPOSTO	teria estado lendo
	teria ficado lendo
Teria lido	teria andado lendo
	teria continuado lendo
	teria permanecido lendo
	teria começado a ler
	teria ido lendo
	teria acabado de ler
SUBJUNTIVO PRESENTE	esteja lendo
	fique lendo
Leia	ande lendo
	continue lendo
	permaneça lendo
	comece a ler
	vá lendo
	acabe de ler
PRET. PERFEITO	tenha estado lendo
	tenha ficado lendo
	tenha andado lendo
	tenha continuado lendo
Tenha lido	tenha permanecido lendo
	tenha começado a ler
	tenha ido lendo
	tenha acabado de ler

TEMPO VERBAL	PERÍFRASES IMPERFECTIVAS POSSÍVEIS
SUBJUNTIVO PRET. IMPERFEITO	estivesse lendo
Lesse	ficasse lendo
	andasse lendo
	continuasse lendo
	permanecesse lendo
	começasse a ler
	fosse lendo
	acabasse de ler
PRETÉRITO MAIS-QUE-PERFEITO	tivesse estado lendo
Tivesse lido	tivesse ficado lendo
	tivesse andado lendo
	tivesse continuado lendo
	tivesse permanecido lendo
	tivesse começado a ler
	tivesse ido lendo
	tivesse acabado de ler
FUTURO SIMPLES	estiver lendo
Ler	ficar lendo
	andar lendo
	continuar lendo
	permanecer lendo
	começar a ler
	for lendo
	acabar de ler

TEMPO VERBAL	PERÍFRASES IMPERFECTIVAS POSSÍVEIS
SUBJUNTIVO FUTURO COMPOSTO	tiver estado lendo
Tiver lido	tiver ficado lendo
	tiver andado lendo
	tiver continuado lendo
	tiver permanecido lendo
	tiver começado a ler
	tiver ido lendo
	tiver acabado de ler
INFINITIVO IMPESSOAL E PESSOAL	estar lendo
Ler	ficar lendo
	andar lendo
	continuar lendo
	permanecer lendo
	começar a ler
	ir lendo
	acabar de ler
IMPESSOAL E PESSOAL COMPOSTO	ter estado lendo
Ter lido	ter ficado lendo
	ter andado lendo
	ter continuado lendo
	ter permanecido lendo
	ter começado a ler
	ter ido lendo
	ter acabado de ler

TEMPO VERBAL	PERÍFRASES IMPERFECTIVAS POSSÍVEIS
GERÚNDIO	estando lendo
Lendo	ficando lendo
	andando lendo
	continuando lendo
	permanecendo lendo
	começando a ler
	indo lendo
	acabando de ler
GERÚNDIO COMPOSTO	tendo estado lendo
Tendo lido	tendo ficado lendo
	tendo andado lendo
	tendo continuado lendo
	tendo permanecido lendo
	tendo começado a ler
	tendo ido lendo
	tendo acabado de ler
PARTICÍPIO	estando lido
Lido	ficando lido
	andando lido
	continuando lido
	permanecendo lido
	*começando a lido
	*indo lido
	*acabando de lido

QUADRO DA VOZ PASSIVA

TEMPO VERBAL	PERÍFRASES IMPERFECTIVAS	PERÍFRASES DUPLAMENTE IMPERFECTIVAS
INDICATIVO **PRESENTE**		
É lido	—	*é sendo lido
	está lido	está sendo lido
	fica lido	fica sendo lido
	anda lido	anda sendo lido
	continua lido	continua sendo lido
	permanece lido	permanece sendo lido
	* começa(a) lido	começa a ser lido
	(?) vai lido	vai sendo lido
	*acaba (de) lido	acaba de ser lido
PRET. PERFEITO **SIMPLES**		
Foi lido	—	(?) foi sendo lido
	esteve lido	esteve sendo lido
	ficou lido	ficou sendo lido
	andou lido	andou sendo lido
	continuou lido	continuou sendo lido
	permaneceu lido	permaneceu sendo lido
	*começou (a) lido	começou a ser lido
	*foi lido	foi sendo lido
	acabou (de) lido	acabou de ser lido

65

TEMPO VERBAL	PERÍFRASES IMPERFECTIVAS	PERÍFRASES DUPLAMENTE IMPERFECTIVAS
INDICATIVO PRET. PERFEITO COMPOSTO	–	*tem sido sendo lido
Tem sido lido	tem estado lido	tem estado sendo lido
	tem ficado lido	tem ficado sendo lido
	tem andado lido	tem andado sendo lido
	tem continuado lido	tem continuado sendo lido
	tem permanecido lido	tem permanecido sendo lido
	*tem começado (a) lido	tem começado a ser lido
	*tem ido lido	*tem ido sendo lido
	*tem acabado (de) lido	tem acabado de ser lido
PRET. IMPERFEITO SIMPLES		
Era lido	–	*era sendo lido
	estava lido	estava sendo lido
	ficava lido	ficava sendo lido
	andava lido	andava sendo lido
	continuava lido	continuava sendo lido
	permanecia lido	permanecia sendo lido
	*começava (a) lido	começava a ser lido
	*ia lido	ia sendo lido
	*acabava (de) lido	acabava de ser lido

TEMPO VERBAL	PERÍFRASES IMPERFECTIVAS	PERÍFRASES DUPLAMENTE IMPERFECTIVAS
INDICATIVO PRETÉRITO MAIS-QUE-PERFEITO SIMPLES Fora lido	– estivera lido ficara lido andara lido continuara lido permanecera lido *começara (a) lido *fora lido *acabara (de) lido	(?) fora sendo lido estivera sendo lido ficara sendo lido andara sendo lido continuara sendo lido permanecera sendo lido começara a ser lido fora sendo lido acabara de ser lido
PRET. MAIS-QUE-PERFEITO COMPOSTO Tinha sido lido	– tinha estado lido tinha ficado lido tinha andado lido tinha continuado lido tinha permanecido lido *tinha começado (a) lido *tinha ido lido *tinha acabado (de) lido	*tinha sido sendo lido tinha estado sendo lido tinha ficado sendo lido tinha andado sendo lido tinha continuado sendo lido tinha permanecido sendo lido tinha começado a ser lido tinha ido sendo lido tinha acabado de ser lido

TEMPO VERBAL	PERÍFRASES IMPERFECTIVAS	PERÍFRASES DUPLAMENTE IMPERFECTIVAS
INDICATIVO **FUTURO PRESENTE** Será lido/ Vai ser lido	— estará lido/vai estar lido ficará lido/vai ficar lido andará lido/vai andar lido continuará lido/vai continuar lido permanecerá lido/vai permanecer lido *começará (a) lido/vai começar (a) lido *irá lido/vai ir lido *acabará (de) lido/vai acabar (de) lido	*será sendo lido/vai ser sendo lido estará sendo lido/vai estar sendo lido ficará sendo lido/vai ficar sendo lido andará sendo lido/vai andar sendo lido continuará sendo lido/vai continuar sendo lido permanecerá sendo lido/vai permanecer sendo lido começará a ser lido/vai começar a ser lido irá sendo lido/(?) vai ir sendo lido acabará de ser lido/vai acabar de ser lido
FUTURO PRESENTE **COMPOSTO** Terá sido lido	— terá estado lido terá ficado lido terá andado lido terá continuado lido terá permanecido lido * terá começado (a) lido *terá ido lido *terá acabado (de) lido	*terá sido sendo lido terá estado sendo lido terá ficado sendo lido terá andado sendo lido terá continuado sendo lido terá permanecido sendo lido terá começado a ser lido terá ido sendo lido terá acabado de ser lido

TEMPO VERBAL		PERÍFRASES IMPERFECTIVAS	PERÍFRASES DUPLAMENTE IMPERFECTIVAS
INDICATIVO **FUTURO PRETÉRITO SIMPLES** Seria lido		— estaria lido ficaria lido andaria lido continuaria lido permaneceria lido *começaria (a) lido *iria lido *acabaria (de) lido	*seria sendo lido estaria sendo lido ficaria sendo lido andaria sendo lido continuaria sendo lido permaneceria sendo lido começaria a ser lido iria sendo lido acabaria de ser lido
FUT. PRETÉRITO COMPOSTO Teria sido lido		— teria estado lido teria ficado lido teria andado lido teria continuado lido teria permanecido lido *teria começado (a) lido *teria ido lido *teria acabado (de) lido	*teria sido sendo lido teria estado sendo lido teria ficado sendo lido teria andado sendo lido teria continuado sendo lido teria permanecido sendo lido teria começado a ser lido teria ido sendo lido teria acabado de ser lido

TEMPO VERBAL	PERÍFRASES IMPERFECTIVAS	PERÍFRASES DUPLAMENTE IMPERFECTIVAS
SUBJUNTIVO PRESENTE Seja lido	— esteja lido fique lido ande lido continue lido permaneça lido *comece(a) lido *vá lido *acabe (de) lido	*seja sendo lido esteja sendo lido fique sendo lido ande sendo lido continue sendo lido permaneça sendo lido comece a ser lido vá sendo lido acabe de ser lido
PRET. PERFEITO Tenha sido lido	— tenha estado lido tenha ficado lido tenha andado lido tenha continuado lido tenha permanecido lido *tenha começado (a) lido *tenha ido lido *tenha acabado(de) lido	*tenha sido sendo lido tenha estado sendo lido tenha ficado sendo lido tenha andado sendo lido tenha continuado sendo lido tenha permanecido sendo lido tenha começado a ser lido tenha ido sendo lido tenha acabado de ser lido
PRETÉRITO IMPERFEITO Fosse lido	— estivesse lido ficasse lido	(?) fosse sendo lido estivesse sendo lido ficasse sendo lido

TEMPO VERBAL	PERÍFRASES IMPERFECTIVAS	PERÍFRASES DUPLAMENTE IMPERFECTIVAS
SUBJUNTIVO **PRET. IMPERFEITO (cont.)**		
	andasse lido continuasse lido permanecesse lido *começasse (a) lido *fosse lido *acabasse (de) lido	andasse sendo lido continuasse sendo lido permanecesse sendo lido começasse a ser lido fosse sendo lido acabasse de ser lido
PRET. MAIS-QUE-PERFEITO		
Tivesse sido lido	– tivesse estado lido tivesse ficado lido tivesse andado lido tivesse continuado lido tivesse permanecido lido *tivesse começado (a) lido *tivesse ido lido *tivesse acabado (de) lido	*tivesse sido sendo lido tivesse estado sendo lido tivesse ficado sendo lido tivesse andado sendo lido tivesse continuado sendo lido tivesse permanecido sendo lido tivesse começado a ser lido tivesse ido sendo lido tivesse acabado de ser lido

TEMPO VERBAL	PERÍFRASES IMPERFECTIVAS	PERÍFRASES DUPLAMENTE IMPERFECTIVAS
FUTURO SIMPLES For lido	— estiver lido ficar lido andar lido continuar lido permanecer lido *começar (a) lido *for lido * acabar (de) lido	(?) for sendo lido estiver sendo lido ficar sendo lido andar sendo lido continuar sendo lido permanecer sendo lido começar a ser lido for sendo lido acabar de ser lido
FUTURO COMPOSTO Tiver sido lido	— tiver estado lido tiver ficado lido tiver andado lido tiver continuado lido tiver permanecido lido *tiver começado (a) lido *tiver ido lido *tiver acabado (de) lido	*tiver sido sendo lido tiver estado sendo lido tiver ficado sendo lido tiver andado sendo lido tiver continuado sendo lido tiver permanecido sendo lido tiver começado a ser lido tiver ido sendo lido tiver acabado de ser lido
INF. IMPESSOAL E PESSOAL Ser lido	— estar lido	*ser sendo lido estar sendo lido

TEMPO VERBAL	PERÍFRASES IMPERFECTIVAS	PERÍFRASES DUPLAMENTE IMPERFECTIVAS
INF. IMPESSOAL E PESSOAL (cont.)		
	ficar lido andar lido continuar lido permanecer lido *começar (a) lido *ir lido *acabar (de) lido	ficar sendo lido andar sendo lido continuar sendo lido permanecer sendo lido começar a ser lido ir sendo lido acabar de ser lido
IMPESSOAL E PESSOAL COMPOSTO		
Ter sido lido	— ter estado lido ter ficado lido ter andado lido ter continuado lido ter permanecido lido *ter começado (a) lido *ter ido lido *ter acabado (de) lido	*ter sido sendo lido ter estado sendo lido ter ficado sendo lido ter andado sendo lido ter continuado sendo lido ter permanecido sendo lido ter começado a ser lido ter ido sendo lido ter acabado de ser lido
GERÚNDIO		
Sendo lido	— estando lido ficando lido andando lido	*sendo sendo lido estando sendo lido ficando sendo lido andando sendo lido

74

TEMPO VERBAL	PERÍFRASES IMPERFECTIVAS	PERÍFRASES DUPLAMENTE IMPERFECTIVAS
GERÚNDIO		
	continuando lido	continuando sendo lido
	permanecendo lido	permanecendo sendo lido
	*começando (a) lido	começando a ser lido
	*indo lido	indo sendo lido
	*acabando (de) lido	acabando de ser lido
GERÚNDIO COMPOSTO		
Tendo sido lido	—	*tendo sido sendo lido
	tendo estado lido	tendo estado sendo lido
	tendo ficado lido	tendo ficado sendo lido
	tendo andado lido	tendo andado sendo lido
	tendo continuado lido	tendo continuado sendo lido
	tendo permanecido lido	tendo permanecido sendo lido
	*tendo começado (a) lido	tendo começado a ser lido
	*tendo ido lido	tendo ido sendo lido
	*tendo acabado (de) lido	tendo acabado de ser lido
PARTICÍPIO		
Sido lido	—	*sido sendo lido
	estado lido	estado sendo lido
	ficado lido	ficado sendo lido
	andado lido	andado sendo lido
	continuado lido	continuado sendo lido
	permanecido lido	permanecido sendo lido
	*começado (a) lido	começado a ser lido
	*ido lido	ido sendo lido
	*acabado (de) lido	acabado de ser lido

As incompatibilidades

Nos quadros da "conjugação aspectual" apresentados, marquei como agramaticais (*) ou de gramaticalidade discutível (?), algumas perífrases. Tentarei agora buscar possíveis explicações para essas "incompatibilidades" entre alguns auxiliares aspectuais e as formas de Gerúndio e Particípio.

COM O VERBO IR

a) Não pode ser auxiliar de perífrase imperfectiva no Pretérito Perfeito Composto do Indicativo nem ativo nem passivo. Nesses casos só caberia o verbo *vir*. Ou seja, em lugar de

(63)   *Eu tenho ido lendo
(64)   *Tem ido sendo lido,

ocorre

(63a) Eu tenho vindo lendo

e

(64a) Tem vindo sendo lido.

Proposta de explicação: a incompatibilidade se dá entre traços semânticos do auxiliar *ir* e o valor temporal/aspectual do Pretérito Perfeito Composto (cf. item à página 45). Como sabemos, esse Tempo verbal expressa um fato em curso cujo início se situa no passado e, portanto, o seu curso se encaminha para o presente, que é, logicamente, o ponto locativo/temporal do falante. Ora, sendo assim, o verbo *ir* não pode ser usado nesse contexto, porque expressa o curso de fatos *a partir de* um ponto locativo/temporal qualquer, enquanto o Pretérito Perfeito Composto expressa o curso de fatos que, embora possamos inferir que têm o seu início no passado, têm como referência principal não o ponto de *partida*, e sim o ponto de *chegada* (como já foi dito, o presente, ponto locativo/temporal do falante). Por essa razão, o verbo *ir* não pode ser usado e é substituído pelo seu par opositivo semântico no que diz respeito à direcionalidade do fato verbal expresso, ou seja, o verbo *VIR*.

b) Não pode ser auxiliar de perífrase imperfectiva correspondente à perífrase *ir* + *infinitivo* que expressa o Futuro do Presente do Indicativo (por exemplo, *eu vou ler*). De fato, parece pouco provável:

(65) (?) Eu vou ir lendo.

Proposta de explicação: aqui a incompatibilidade poderia ser explicável pela quase impossibilidade em português de um verbo ser auxiliar de si próprio, fenômeno que só ocorre com o verbo *ter*, que é seu próprio auxiliar nos Tempos compostos. Deve-se ressaltar, a propósito, que esse uso de *ter* aponta para o valor meramente gramatical, flexional, desse auxiliar nos Tempos compostos, valor que não é de forma alguma o dos auxiliares aspectuais, que guardam o seu valor semântico-lexical.

No entanto, essa parece ser uma incompatibilidade apenas no nível da *norma*, posto que se podem ouvir não tão raramente, em português, frases do tipo:

(66) Eu vou ir,

e, portanto, seriam talvez possíveis as formas:

(67) (?) Eu vou ir lendo

ou

(68) (?) O livro vai ir sendo lido,

casos em que, assim como ocorre com o verbo *ter*, a primeira ocorrência de *ir* tem valor apenas gramatical de marca de Tempo, não guardando o seu valor semântico-lexical, enquanto a segunda ocorrência de *ir* tem o seu valor semântico-lexical mantido uma vez que expressa noção aspectual.

c) Não pode ser auxiliar de perífrase imperfectiva com o Particípio, embora possa aparecer na perífrase duplamente imperfectiva. Ou seja, temos, por exemplo, as perífrases

(69) Irá sendo lido

ou

(70) Ia sendo lido,

mas não temos as perífrases

(71) *Irá lido

(72) *Ia lido.

Proposta de explicação: sendo o Particípio a expressão de um estado, só permite a imperfectivização relativa à expressão do curso desse estado. O verbo *ir*, como auxiliar imperfectivo, expressa geralmente a fase intermediária de um processo que, para ter suas fases referidas de per si, deve sofrer uma parcialização. Os estados parecem rejeitar a fragmentação do seu curso.

COM OS VERBOS *COMEÇAR (A) E ACABAR (DE)*

a) Não podem aparecer em perífrases com o Particípio, embora possam aparecer na perífrase duplamente imperfectiva. Ou seja, temos, por exemplo, as perífrases

(73) O livro começa a ser lido

e

(74) O livro acaba de ser lido,

mas não temos as perífrases

(75) * O livro começa (a) lido

e

(76) * O livro acaba (de) lido.

Proposta de explicação: tal como já foi exposto, o Particípio, expressão de um estado, só permite a imperfectivização relativa à expressão do curso e não à expressão de fases do curso, que implicariam uma subdivisão, uma parcialização do fato verbal, o qual não seria considerado, portanto, na sua completude. Como já foi sugerido, os estados parecem limitar a expressão da imperfectividade à visão do curso, impedindo a visão fragmentada do fato verbal. Com efeito, observando-se frases em que ocorram formas não participiais que expressem estado, como, por exemplo,

(77) A casa está limpa,

vemos que a mesma restrição se coloca. A sua ocorrência na perífrase duplamente imperfectiva se explicaria pela presença do Gerúndio do verbo auxiliar (*sendo*) ou do seu substituto, o Infinitivo preposicionado (*a ser, de ser*), o que, como já dito, torna o estado num processo.

O VERBO *SER*

Não funciona como auxiliar imperfectivo nem de si mesmo, nem dos demais verbos do seu grupo, nem de nenhum outro verbo. Essa restrição só não se coloca quando o verbo *ser* está no Gerúndio, formando a perífrase duplamente imperfectiva. Para formar essa perífrase, ao lado do Gerúndio do verbo *ser*, pode-se utilizar qualquer dos demais verbos do grupo, exceto o próprio *ser*. Observe:

(78) Está sendo lido   * É sendo lido
       Fica sendo lido   * É ficando lido
       Continua sendo lido   * É continuando lido, etc.

A não-ocorrência de qualquer outra possibilidade faz pensar que as formas *foi* e *fosse*, presentes em perífrases como *foi sendo lido*, *fora sendo lido*, *fosse sendo lido* e *for sendo lido* sejam formas do verbo *ir* e não do verbo *ser*.

Proposta de explicação: poderíamos pensar que isso ocorre porque, em geral, e como já foi lembrado, um verbo não funciona como auxiliar de si mesmo. Como já temos a forma *sendo* na perífrase, a restrição se faria presente. No entanto, essa razão não seria suficiente, visto que, se se tentar construir uma perífrase duplamente imperfectiva utilizando, não o Gerúndio do verbo *ser*, mas sim um dos outros verbos auxiliares aspectuais (por exemplo:

(79) Está ficando lido;
(80) Continua ficando prejudicado;
(81) Começa a ficar escrito, etc.),

verificamos que o verbo *ser* também não figura como auxiliar (por exemplo, não temos

(78) * É ficando lido).

A razão possível para essa incompatibilidade é que esse verbo, como auxiliar, é incompatível com a forma de Gerúndio, talvez devido à sua perfectividade, já que o Gerúndio é forma verbal essencialmente imperfectiva.

O VERBO ESTAR

Não pode figurar em forma de Gerúndio na perífrase duplamente imperfectiva, enquanto os demais do seu grupo podem (por exemplo, não se tem

(82) * Fica estando lido

mas se tem

(83) Está ficando lido.

Como já vimos, estando em qualquer outra de suas formas, pode combinar-se com o Gerúndio dos demais para formar a perífrase duplamente imperfectiva. Na verdade, parece funcionar, para efeito de construção da perífrase duplamente imperfectiva, em distribuição complementar com o verbo *ser*.

Proposta de explicação: o *ser* e o *estar* seriam como que um mesmo verbo, assim como são em outras línguas indo-européias. Para determinados efeitos, sobretudo para expressar diferenças aspectuais ocorrentes com os estados, se desdobram. Mas o seu comportamento como auxiliares, pelo menos para a construção da referida perífrase, configura-os como um só verbo.

Assim, relativamente às incompatibilidades de ocorrência de verbos auxiliares aspectuais temos a seguinte lista de formas:

AUX. ASPECTUAL	NÃO	SIM
IR	*Eu tenho ido lendo *Tem ido sendo lido (?) Eu vou ir lendo	Eu tenho vindo lendo Tem vindo sendo lido Eu irei lendo
COMEÇAR A	*O livro começa a lido	O livro começa a ser lido
ACABAR DE	*O livro acaba de lido	O livro acaba de ser lido
SER	*É sendo lido *É estando lido *É ficando lido *É continuando lido *É andando lido	Está sendo lido Está sendo lido Fica sendo lido Continua sendo lido Anda sendo lido
ESTAR	*É estando lido *Fica estando lido *Continua estando lido *Anda estando lido	Está sendo lido Está ficando lido Está continuando lido Está andando lido

A ATUALIZAÇÃO DO ASPECTO NO PORTUGUÊS ATRAVÉS DOS CIRCUNSTANCIAIS TEMPORAIS

Estou denominando de "circunstanciais temporais" elementos que são tradicionalmente rotulados de advérbios, locuções adverbiais, conjunções e formulações oracionais que, configurando-se como possibilidades de expressar o tempo físico, merecem análise quanto ao seu possível conteúdo aspectual.

Não vou proceder neste item a uma tentativa de análise exaustiva como tentei para as formas verbais. Como já tive oportunidade de observar, o estudo da categoria de Aspecto no português é ainda pobre e o que há se concentra sobretudo na análise dos verbos, com referências esparsas ou seções bem menores dedicadas a outras classes de palavras. Menos ainda ajudam as gramáticas escolares. Baseei-me nos exemplos que pude recolher nas gravações e diálogos informais a que aludi no terceiro capítulo. Minha abordagem, portanto, está baseada nos circunstanciais temporais que ocorreram, em exemplos reais, alguns dos quais incluirei como ilustração.

A marca aspectual nos circunstanciais temporais está embutida no item lexical. Mas, no que concerne a Aspecto, eles precisam ser analisados, mais que as demais classes de palavras, não só quanto a seu conteúdo aspectual intrínseco, mas também quanto ao valor aspectual que trazem à forma verbal com que co-ocorrem ou à frase em que se inserem. Apresento uma proposta de classificá-los em quatro tipos, combinando categorizações sugeridas por Vlach (1981:68) e Nef (1981:104) e acrescendo outras divisões que considerei convenientes. São elas:

a) Temporais propriamente ditos;
b) Pontuais;

c) De freqüência;
d) Durativos.

Vamos observá-los com mais detalhes nos próximos itens.

CIRCUNSTANCIAIS TEMPORAIS
PROPRIAMENTE DITOS

Assim estão sendo chamados aqueles que marcam apenas o momento cronológico da ocorrência do fato verbal, ou da fase do processo ou do estado referido, quer em relação direta com o ponto de referência dêitica (cf. item à página 15), quer em relação com outros momentos cronológicos já considerados no discurso, como acontece com os Tempos relativos dos verbos (cf. item à página 17), podendo inclusive alguns deles exercer o papel de ordenadores temporais, se marcam a seqüência cronológica de fatos verbais. Vamos observá-los em alguns exemplos:

(84) Você não deve arrumar ele de forma que *futuramente* venha a dificultar a arrumação.

(85) Nós estamos *em agosto*.

(86) *Hoje em dia* estão destruindo as casas todas pra construir prédios.

(87) Porque eu fiz feira *sexta-feira passada*, hoje já não vou.

(88) *Há uma semana atrás* talvez... Eu tava tão preocupado...

(89) Eu *agora* estou plantando rosas.

(90) Eu não sei como é que eu ficaria num apartamento *depois de* ter morado tantos anos em casa.

Expressando o momento globalmente considerado, os circunstanciais *temporais propriamente ditos* não referem a estrutura temporal interna dos fatos e não podem expressar, por si sós, a imperfectividade. Entretanto essa sua característica não os impede de aparecer em frases cuja forma verbal é expressa no imperfectivo, o que é perfeitamente coerente: não expressam a imperfectividade *por si sós,* mas podem referir de forma global um período no qual um fato verbal tratado imperfectivamente se insere. Observe a propósito os exemplos (85), (86) e (89), em que o circunstancial co-ocorre com a forma verbal do imperfectivo em curso.

CIRCUNSTANCIAIS PONTUAIS

Pontuais são os circunstanciais temporais que, obviamente, expressam uma ocorrência momentânea, o que impede, em geral, a imperfectivização. Nas minhas observações encontrei como exemplos desse tipo os circunstanciais *de repente* e *logo*, acompanhando formas verbais perfectivas.

(91) O medo que eu tenho é que meus filhos *de repente* passem a ter algum problema psicológico.

(92) A torta é um adubo que chega, você pode botar logo, usar ele *logo*, que não tem problema nenhum.

CIRCUNSTANCIAIS DE FREQÜÊNCIA

Aqueles que estão sendo denominados circunstanciais *de freqüência* marcam, como não poderia deixar de ser, a periodicidade e regularidade das ocorrências expressas pelo fato verbal e só podem ser bem avaliados se considerarmos o conceito de iteração, cujo entendimento aqui se coloca mais uma vez para a avaliação da expressão aspectual.

Conforme já exposto nas páginas 24 e 26, a repetição em si, assim como a habitualidade, não deve ser considerada como uma possibilidade aspectual, em essência, porque a avaliação aspectual *stricto sensu* só pode ser estabelecida sobre um fato verbal singular. A rigor, a aspectualização só pode ocorrer sobre cada um dos fatos verbais de per si, como ocorre com qualquer das outras categorias verbais. Contudo é inegável que o arbítrio do falante pode considerar uma repetição de ações como um processo tomado na sua totalidade, funcionando cada ocorrência do fato verbal como uma fase do processo. Relembradas essas preliminares, podemos levar a exame os circunstanciais *de freqüência* presentes nos exemplos encontrados.

Os circunstanciais *de novo* e *novamente* expressam mera repetição, o que não chega a se constituir em iteração. Não foi considerada, assim, a hipótese de imperfectividade como possibilidade expressiva para esses casos. Ocorreram nos exemplos (93) e (94):

(93) Depois tentei *de novo*.

(94) Vocês continuam em férias ou estão *novamente* de férias por causa do jogo?

Os circunstanciais *periodicamente, semanalmente* e *a cada dia* inserem-se mais caracteristicamente na iteração. Embora possam ser compatíveis quer com a escolha do *perfectivo*, quer do *imperfectivo*, coerentemente com o conceito de iteração já expresso, os exemplos observados parecem enquadrar-se na imperfectividade, devido à sua utilização em concomitância com perífrases imperfectivas, denotadoras de que o fato verbal está sendo considerado como em processo. São os seguintes os exemplos:

(95) Então nós... Controla lá com umas fichinhas e *periodicamente* eles estão se vacinando.

(96) Tenho. Ah! Eu tenho feito também semanalmente agora e tenho sentido a diferença.

(97) Esses mil casos que todo mundo conta que estão acontecendo *a cada dia* na cidade.

Já o circunstancial *sempre*, cujo significado o inclui na área da habitualidade, tem um valor aspectual *perfectivo*. Realmente a habitualidade, assim como a iteração, tal qual já exposto, não é em si um valor aspectual. Apenas a presença desse traço semântico deve determinar uma análise mais atenciosa da iteração da forma verbal com o circunstancial, pela possibilidade de o habitual poder ser visto como um processo em desenvolvimento. Essa última hipótese configurou-se no material coletado num único caso (exemplo 100), como podemos avaliar a partir dos segmentos a seguir:

(98) A gente passava *sempre* as férias em Dias D'Avila...

(99) Eu sei que eu vou querer ficar *sempre* exercendo minha profissão.

(100) *Sempre* fui louca por cavalo...

(101) Quando chega no ponto, aí o pessoal que está atrás, aí vai passando, então eles *sempre* esperam, viu?

(102) Pra gente que tem essa vida muito massificada do trabalho do dia-a-dia, tudo isso, deve *sempre* partir pra viajar...

CIRCUNSTANCIAIS DURATIVOS

Restam a examinar os circunstanciais que se denominaram *durativos*. Esses seriam os únicos capazes de expressar imperfectividade por si sós, ou seja, ora acompanham uma forma verbal imperfectiva, reforçando-lhe o Aspecto referido, ora imperfectivizam uma forma verbal referida perfectivamente. São portanto aqueles que mais interessam ao estudo da imperfectivização. Eles explicitam o período compreendido pelo desenvolvimento do fato verbal. Em certos casos marcam esse período estabelecendo-lhe limites. Vamos observar os seguintes exemplos:

(103) Tanto que *até hoje* eu acho que criança precisa mexer com terra.

(104) Um exemplo que foi dado e *até hoje* está imortalizado...

(105) Ninguém admitia que eu fizesse um regime desses e mantivesse *até hoje* como eu tenho mantido.

(106) Isso eu já estou procedendo *desde novembro do ano passado*.

(107) *Quinze anos* fazendo tentativa de tirar pés de filhos de mangabeira.

(108) Minha mãe passava *o dia todo* dando esse chá a ela.

(109) Esse menino, Flavinho, ele, ele, *de um certo tempo pra cá* é que tem acontecido isso com ele, entendeu?

(110) Eu estudei *durante o ano todo*...

(111) Eu venho chegando *há meia hora*.

Há outros casos, como os exemplos que se seguem, nos quais os circunstanciais *durativos* referem um lapso temporal que imperfectiviza o fato verbal, mas sem estabelecer-lhe limites:

(112) E daí ele vai investindo e, com vinte anos de profissão, realmente, *a longo prazo*, o médico consegue superar financeiramente um professor...

(113) No fim, ele pára *mais tempo* naquele ponto.

(114) Eu tentei, inclusive, *por algum tempo*, usar a macrobiótica...

(115) Agora, engraçado, eu sendo um temperamento assim meio retraído, mas não gosto de ficar *muito tempo*...

(116) Mas aí se resolveu da seguinte forma: nós ficamos praticamente proprietários do terreno *durante uns três meses, enquanto* a Embasa desapropriava o terreno.

(117) Todas as casas são iguais e o pessoal vai modificando *à medida que* tem condições de modificar.

(118) É, *à medida que* vão assim se... integrando com os outros meninos, eles vão... desenvolvendo mais.

É interessante observar, a propósito, que o *enquanto* e o *à medida que* são *durativos* porque estabelecem uma relação de simultaneidade paralela, referindo pelo menos um desses fatos como um processo; esse é o valor que os torna circunstanciais durativos, porque a simultaneidade em si é uma noção temporal não aspectual.

Esses circunstanciais durativos combinam-se na frase com perífrases ou Tempos verbais de valor imperfectivo ou com Tempos verbais de valor perfectivo, que eles imperfectivizam.

É curioso observar que o circunstancial *devagar* (ocorreram também *devagarzinho* e *muito devagarzinho*), embora não seja propriamente um circunstancial de Tempo, atuou como reforço da imperfectividade nos exemplos

(118) Eles vão *devagar*.

(119) Vai até a Praça da Sé *muito devagarzinho*.

(120) *Devagarzinho* a gente vai olhando.

por marcar a lentidão com que se efetivou o fato expresso.

Assim, algumas conclusões poderiam ser tiradas da observação dos circunstanciais temporais encontrados:

1. os circunstanciais temporais podem ou não ser indicadores aspectuais;

2. os circunstanciais temporais *pontuais* combinam-se com fatos verbais perfectivos;

3. os circunstanciais temporais intrinsecamente definidores da marca imperfectiva da frase são os denominados *durativos*;

4. no caso de ocorrência cruzada, ou seja, Tempo verbal perfectivo e circunstancial imperfectivo, ou vice-versa, prevalece para a frase o Aspecto imperfectivo, uma vez que um circunstancial pode imperfectivizar uma forma verbal perfectiva, mas nunca um circunstancial perfectiviza uma forma imperfectiva. Aliás isso é evidente, desde quando, sendo o imperfectivo o termo marcado, não pode ser obscurecido pelo termo não-marcado.

JÁ – AINDA – JÁ NÃO – AINDA NÃO

Embora sejam também circunstanciais temporais, julguei conveniente tratar esses advérbios em separado, devido a certas peculiaridades que eles expressam e que merecem uma reflexão mais minuciosa.

De início, é interessante nós nos conscientizarmos de que a negação do *já* é *ainda não* e a negação do *ainda* é *já não* (cf. Lopes, 1971:233). Ou seja, a uma pergunta do tipo:

(121) Ele *ainda* está acordado?

a resposta, se afirmativa, será:

(122) É, *ainda* está;

e, se negativa, será:

(123) Não *já não* está (ou *não* está *mais,* preferido pelo português do Brasil).

Da mesma maneira, a uma pergunta do tipo:

(124) Ele *já* está acordado?

a resposta, se afirmativa, será:

(125) É, *já* está;

c, se negativa, será:

(126) Não, *ainda não.*

Que noções exatamente esses circunstanciais temporais expressam? Para captar bem essas noções, a lembrança de idéias desenvolvidas sobretudo na página 13 pode nos ajudar. Ali desenvolvi o raciocínio de que o falante precisa, para organizar o seu discurso, de tomar como referência básica ou o tempo, ou o espaço, ou uma certa ordenação de raciocínio que chamei de "linha argumentativa". Em geral, o falante adota uma dessas linhas e nela distribui, organiza os fatos que quer expressar. É para esse efeito que esses circunstanciais são utilizados, acredito. Eles funcionam como elementos ordenadores dos fatos, visto que informam sobre o seu desenrolar nessas linhas, na direção de um fim que se coloca, desde o primeiro momento, como a expectativa desejada. Senão vejamos. Se dizemos:

(127) Ele já chegou,

só usamos o *já* se a chegada da pessoa estava sendo esperada, era uma expectativa. Se não é assim, dizemos simplesmente:

(128) Ele chegou.

De modo semelhante, se dizemos:

(129) Ele ainda nada bem,

é porque admitimos que há algum tempo ele nada bem e essa situação perdura. Se nós não tivéssemos a informação de que ele nadava bem em época anterior, não poderíamos produzir essa frase.

Assim, esses circunstanciais são ordenadores temporais, espaciais ou argumentativos e, se parecem ser só temporais, é porque, no fundo, as linhas de tempo, espaço e argumentação são tão proximamente identificadas na mente humana que a passagem de uma para outra não é sempre claramente perceptível. Por exemplo: se alguém tenta aproximar um objeto de outra pessoa, para que essa pessoa possa alcançá-lo e pergunta:

(130) Já dá? Já está bom?

e o outro responde:

(131) Ainda não. Ainda está longe. Agora sim, já posso pegá-lo,

diríamos que a linha organizativa desse diálogo é espacial. Mas quando o objeto ainda estava longe e um dos falantes disse: *ainda não* e depois disse: *agora sim*, ele também não estava tomando o tempo como referência? *Antes* não dava, *agora* já dá. Afinal, deslocar um objeto no espaço leva tempo...

É a marcação desse desenrolar dos fatos no tempo, no espaço ou na mente que raciocina que os circunstanciais que estamos examinando expressam. No meu entender, o *ainda* marca a permanência de um estado ou a manutenção de um processo em curso, enquanto o *já* marca a chegada a um ponto que estava sob expectativa para o falante e/ou para o ouvinte, chegada que implica uma mudança de estado ou término de um processo.

Assim, a presença desses circunstanciais indica que o fato verbal referido na frase está tratado dentro de um fragmento de tempo que se encaminha para um fim determinado ou determinável, se analisamos o

87

discurso. O *ainda* indica um processo que se desenvolve ou um estado que se mantém: é portanto marcador de imperfectividade, enquanto o *já*, que indica alteração, não imperfectiviza o fato verbal com que coocorre, mas indica que ele deve ser observado, junto com outros fatos, dentro de um lapso temporal. O *ainda não*, que nega o *já*, e portanto nega a mudança, também indica manutenção, e o *já não (não mais)*, que nega o *ainda*, nega a manutenção, sem nada informar sobre o que ocorre depois.

Vão aqui alguns exemplos, para que possamos testar os raciocínios que foram desenvolvidos acerca desses circunstanciais que, diga-se de passagem, são muito freqüentes na fala cotidiana.

Para o *ainda*:

(132) Estava *ainda* em construção parte de Brasília.

(133) E a mangueira *ainda* continua a dar?

(134) E daí a um tempo, você *ainda* está devendo oitocentos.

(135) Eu comprei durante o ano todo, antes... E em 75 eu *ainda* comprei muito.

Para o *ainda não*:

(136) *Não* levei *ainda* no jardim zoológico...

Para o *já*:

(137) É o que *já* se começou a fazer...

(138) Eu cortei a grama e ela *já* está feia mesmo.

(139) ... Os alunos, conseqüentemente, vão saindo *já* preparados.

(140) Concordo quando você disse que re...educar e integrar o homem *já* formado...

(141) Quer dizer, eu *já* estava conformado na cadeira.

(142) Hoje, eu *já* estou num ponto assim de partir pra perguntas...

(143) Agora, dessas cidades que nós *já* percorremos ultimamente...

(144) Cá na cachoeira, *já* é a sede, aí é uma cidade planejada...

(145) E você *já* viu, você *já* notou como está mudando assim...

(146) Claro que... *já* é alguma coisa.

(147) Cai na rotina, você *já* acorda de manhã...

Para o *já não* (não mais):

(148) E agora ele *já não* está mais comemorando na escola, vai comemorar mais só lá de tarde...

(149) *Já não* estou indo mais.

88

A ATUALIZAÇÃO DO ASPECTO NO PORTUGUÊS ATRAVÉS DE FORMAS DE SUBSTANTIVOS E DE ADJETIVOS

A observação da possibilidade de traço aspectual nos substantivos e adjetivos partiu da curiosidade despertada por séries de lexemas existentes na língua portuguesa, tais como:

(150) Filme — Filmagem
Democracia — Democratização
Ajuste — Ajustamento
Treino — Treinamento
Teste — Testagem

Completo — Completado
Concluso — Concluído
Sujo — Sujado
Frito — Fritado
Irritável — Irritante — Irritado

que pareciam demonstrar uma oposição do tipo *perfectivo x imperfectivo*, tal como considerada aqui. Com efeito, Lyons (1980:334) afirma que "nomes e adjetivos podem igualmente ter um caráter aspectual" e lembra que isso fica evidente se se levam em conta as bases ontológicas sobre as quais repousam as distinções gramaticais entre as diversas partes do discurso. Interessante, também, a propósito, é a observação de que exatamente as formas dos verbos ditas nominais, ou seja, aquelas que não incluem a marca da categoria de Pessoa, nem em consequência a de Tempo, são as que se prestam mais irrestritamente à expressão aspectual, sendo inclusive a base das muitas perífrases que expressam essa categoria em português.

Que os substantivos e os adjetivos possam apresentar marcas de traços tradicionalmente atribuídos aos verbos é indiscutível, pelo menos no que se refere à marca temporal. Assim, os prefixos *Ex–*, *Recém–* em palavras como *ex-presidente* ou *recém-empossado* indicam tempo passado, assim como o uso da palavra *futuro* em expressões do tipo *futuro marido* marca o tempo futuro.

SUBSTANTIVOS

Se temos um exemplo como:

(151) Esta *filmagem* está muito problemática. Desse modo o *filme* nunca ficará pronto,

podemos sentir que *filmagem* expressa o processo de elaboração, o curso, enquanto *filme* refere o "objeto", digamos assim. O que parece ocorrer é uma "temporalização" do objeto, uma relação entre um *objeto* (entidade de primeira ordem) e o *processo* que lhe corresponde nas entidades de segunda ordem. Sim, porque *filme* tem *existência*, enquanto *filmagem* se desenrola no tempo (cf. item à página 11).

Alguma coisa semelhante ocorre com o par *democracia x democratização* em frases como:

(152) Pretendemos uma *democracia*, por isso nos empenhamos na *democratização*.

Mas às vezes a oposição não se efetiva entre um substantivo que refere um objeto e um substantivo que refere o processo correspondente, mas entre um substantivo que refere o processo encarado globalmente, sem referência à constituição temporal interna, e um substantivo que refere o processo encarado imperfectivamente, chamando a atenção para a sua constituição temporal interna. É o que parece ocorrer com pares como:

(153) Convívio – convivência
(154) Ajuste – Ajustamento
(155) Processo – Processamento
(156) Teste – Testagem

Isso é apenas uma hipótese, uma tentativa de explicação de uso, talvez merecedora de verificação mais detalhada. Mas a utilização desses pares é um recurso expressivo que está à disposição dos falantes e que se mantém produtivo.

Tenho observado que são sobretudo substantivos derivados com os morfemas *–mento, –agem* e *–ização* que carregam a marca da imperfectividade, relativa sobretudo à expressão de um processo em curso, em desenvolvimento.

Além dessas duas formas possíveis, os falantes têm recorrido muito atualmente no português coloquial a uma outra possibilidade, a um substantivo formado a partir da forma de Particípio, usado no feminino, em construção com o verbo *dar (dar uma lida,* por exemplo). O que essa construção parece indicar é também uma imperfectivização da forma verbal correspondente, uma referência mais explícita à temporalidade interna, à duração, ao curso. Assim, se compararmos os exemplos (157) e (158), respectivamente, com os exemplos (157a) e (158a),

(157) Leia isso pra mim, tá?
(158) Está certo, vou olhar e lhe falo depois.
(157a) Dê uma lida nisso pra mim, tá?
(158a) Está certo, vou dar uma olhada e lhe falo depois.

sentimos que os segundos enfatizam a constituição temporal interna, o curso das ações de *ler* e *olhar* mais que os primeiros.

Disso resulta que podemos ter em português séries triplas de substantivos cognatos, nas quais as distinções significativas, a meu ver, só podem ser compreendidas dentro da categoria de Aspecto. Por exemplo:

(159) Processo – Processamento – (Dar uma) Processada.
(160) Ajuste – Ajustamento – (Dar uma) Ajustada.

Uma hipótese a ser aventada para a existência dessa série tripla aspectual para os substantivos seria admitir que talvez haja uma relação entre essas três formas entre si, paralela àquela existente entre as formas verbais do Infinitivo, do Gerúndio e do Particípio, como sugerido pelas séries a seguir:

(161) Aproveitar – Aproveitamento – Aproveitado.
       Processo – Processamento – (Dar uma) – Processada.

Podemos concluir que a língua portuguesa dispõe desses recursos para marcar a aspectualidade de um substantivo, embora não haja uma regularidade na ocorrência das três formas que expressariam nuances aspectuais, para cada substantivo. Um exemplo interessante são as palavras *mestrado* e *doutorado*. Para a primeira não existe o correspondente cursivo que existe para a segunda. Assim, fala-se em *Curso de Mestrado* e *Programa de Mestrado,* enquanto que, em geral, fala-se em *Curso de Doutorado* e *Programa de Doutoramento.* Observe os seguintes exemplos, reais, produzidos pelo mesmo falante:

(162) E agora, vai reiniciar um outro programa de *mestrado.*

(163) Aqui na Bahia mesma nós não temos, eu acredito, ninguém daqui mesmo com *doutorado* ainda em matemática.

(164) Ela está pensando pra, a curto prazo, conseguir que se inicie um programa de *doutoramento* em matemática.

Algumas vezes, na frase, apenas a forma do substantivo permite a comprovação da nuance aspectual escolhida, não havendo, nem através da forma verbal, nem através do uso de circunstanciais ou de quaisquer outros meios, outro recurso para a escolha aspectual efetivada pelo falante e para a decodificação efetivada pelo ouvinte. Contudo, em muitos casos, os substantivos cursivos estão acompanhados de outras formas que, como se pode ver nos exemplos abaixo, corroboram a sua imperfectividade:

(165) **Estão mudando** muito o negócio pra *comercialização.*

(166) Levando em conta **seis meses** de *nivelamento...*

(167) Tem muita gente aí que já casa depois de **algum tempo** de *convivência.*

Há ainda um outro recurso de imperfectivização possível para os substantivos. Trata-se da formação de uma palavra composta a partir da repetição de uma forma verbal. Como exemplo, tem-se *corre-corre.* Inegavelmente um substantivo assim formado permite a visualização do processo envolvido na realização do ato expresso pelo substantivo. Não há exemplos no conjunto dos segmentos recolhidos, tal como aludi no capítulo 3, mas posso apresentar dois num só segmento recolhido de uma campanha publicitária.

(168) No *corre-corre* do *compra-compra.*

ADJETIVOS

É do contraste entre três formas cognatas adjetivais: – *Particípio* (dito "longo"), *adjetivo* e *adjetivo em –NTE* – que se podem perceber

92

claramente as possibilidades aspectuais dos adjetivos em português. O jogo expressivo que se estabelece pelo uso em contraste de duas entre essas três formas é bastante freqüente na língua e bastante demonstrativo das possibilidades aspectuais, tanto quanto uma outra situação ilustrativa, qual seja, a do jogo contrastivo entre o Gerúndio e o Particípio. Assim podemos observar nos seguintes exemplos:

(169) Concordo quando você disse que re...educar o homem já formado, o *mar...marginalizado,* o **marginal** não, o *mar-gi-na-li-za-do* na sociedade é um negócio...

(170) ... O que caracteriza essas construções consideradas como antigas, só as não-reformadas, quer dizer, que características elas têm em relação a uma casa que é **moderna** ou *modernizada...*

(171) O que importa é que o pessoal da limpeza esteve exposto. Isso já está feito, **pronto,** *aprontado.*

(172) Assim começou sua luta política, no meio de uma verdadeira 'Guerra' **oculta** e **ocultada** neste país. (Exemplo recolhido da *Folha de S. Paulo,* 30/01/85 – "É dura a luta da mulher no campo" – Irede Cardoso).

No exemplo (169), o falante utilizou-se conscientemente da distinção entre as formas de Particípio longo e de adjetivo, marcando enfaticamente a diferença aspectual, inclusive pela entonação (que procurei marcar na escrita pelas reticências e hifens). Com efeito, a entonação demonstra a incerteza do falante quanto à escolha da palavra mais adequada (e, portanto, mais conscientemente procurada) e o destaque dado, enfim, ao termo que lhe pareceu apropriado, um imperfectivo resultativo.

No exemplo (170), a consciência da distinção entre um estado, representado pelo adjetivo, e um estado resultante de processo (resultativo), representado pelo Particípio longo, também se mostra nitidamente.

No exemplo (171), a seqüência das formas de adjetivo e Particípio longo, que enfatiza o valor expressivo atribuído pelo falante à última das duas, evidencia a diferença significativa que há entre as duas formas, das quais a última é *resultativa.*

No exemplo (172), o adjetivo *oculta* refere um estado pura e simplesmente, enquanto a forma *ocultada,* um *resultativo,* faz referência implícita ao processo que resultou no estado ora considerado.

Este exemplo atesta uma saída curiosa encontrada pelo falante para marcar a mesma distinção, diante da não-disponibilidade da forma regular de Particípio correspondente ao adjetivo utilizado:

(173) ... É mobília **antiga**, não é comprada *em estilo antigo* não, é **antiga** mesmo.

Também uma situação curiosa para a reflexão sobre a distinção aspectual entre as formas de adjetivo e de Particípio longo correspondente foi a ocorrência de um fato que relato a seguir. Um falante estrangeiro, que já possuía um domínio da língua portuguesa que lhe permitia dar aulas de história a um grupo de brasileiros em curso de pós-graduação, usou, mais de uma vez, a forma *analfabetizado* por *analfabeto*. Com efeito, não possuindo a prática e a intuição lingüística de um falante nativo, guiou-se apenas pela analogia, a partir de pares de formas como *personalizado/despersonalizado*.

Alertado por uma situação como essa o falante nativo pode refletir: Por que se diz *analfabeto* e *alfabetizado?* A resposta que me parece provável seria observar que a primeira forma denota um estado que independe de um processo anterior, ao passo que a segunda forma denota um estado resultante de um processo.

Quanto a formas em *–NTE*, temos um bom exemplo demonstrativo do traço imperfectivo portado por um adjetivo desse tipo, visto que esse traço é retomado e enfatizado logo a seguir por uma perífrase imperfectiva explicativa do significado do adjetivo:

(174) Mas o pai... Quando ele está é sempre um pai **migrante**, *ele está passando*, quer dizer, é pai, digamos, do último filho e logo adiante ele vai embora e virá outro.

Paralelamente ao traço aspectual, essa série adjetival expressa também a categoria de Voz. Assim, numa série como *imortal – imortalizado – imortalizante*, tem-se uma primeira forma *perfectiva* e não-marcada quanto à Voz; uma segunda, *imperfectiva resultativa* e passiva, e uma terceira, *imperfectiva cursiva* e ativa.

Compreende-se facilmente que a forma em *–NTE* seja ativa e *imperfectiva cursiva*, tanto quanto o Gerúndio, visto que esse é o valor etimológico dessa forma verbal. Aliás, o único traço morfológico que a distingue do Gerúndio é a possibilidade de flexão nominal, própria dos componentes do sintagma nominal, obviamente, e que reflete uma ligação semântica maior com o núcleo do sintagma nominal. Assim, a forma *–NTE* tem, portada por uma forma nominal, flexionável, os traços semânticos da forma verbal do Gerúndio.

Num contraste expressivo entre uma forma em *–NTE* e uma forma de Particípio "longo" (por exemplo, *imortalizante/imortalizado*) jogamos, quanto ao Aspecto, com a distinção entre a referência a um processo em curso e a referência a um processo que decorreu produzindo um estado. Num contraste entre uma forma em *–NTE* e uma forma de adjetivo (por exemplo, *imortalizante/imortal*), jogamos com a distinção entre processo em curso e estado, sem referência ao processo que produziu o estado. Naturalmente, num contraste expressivo entre uma forma longa de Particípio e uma forma de adjetivo (por exemplo, *imortalizado/imortal*), estabelecemos a distinção entre um estado que remete ao processo que o produziu e um estado pura e simplesmente considerado.

Não existe na língua portuguesa uma correspondência regular de formas que preencham todas essas três possibilidades para todos os adjetivos. O número de adjetivos portadores de traço aspectual encontrados sob a forma de Particípios longos é muito maior que sob as outras duas formas, inclusive não sendo sempre previsível o correspondente adjetivo.

Tanto os Particípios "longos", quanto os adjetivos, quanto, ainda, as formas em *–NTE* podem ocorrer, quer acompanhando substantivos, quer acompanhando os chamados verbos "de ligação" *Ser* e *Estar*, sobretudo o *Ser*.

Como, do ponto de vista aspectual, não faz diferença o fato de estar a forma de Particípio quer numa perífrase, quer acompanhando um substantivo, ou seja, estar a forma de Particípio na sua função tradicionalmente considerada como verbal ou na sua função tradicionalmente considerada como adjetiva, estou considerando nesse item as formas de Particípio independentemente da sua posição na frase.

Considerando-se a série de três possibilidades aspectuais para os adjetivos que foi aventada aqui, apresento a seguinte lista de exemplos que aqui ficam para (quem sabe?) possível reflexão posterior:

(175) Alguns adjetivos portadores de distinções aspectuais

PARTICÍPIOS (imperfectivo resultativo)	ADJETIVOS (perfectivo)	ADJETIVOS EM –NTE (imperfectivo cursivo)
alisado	liso	alisante
amedrontado	medroso	amedrontante
apropriado	próprio	(?) apropriante
atendido	–	atendente
cedido	–	cedente
completado	completo	(?) completante
desenvolvido	desenvolto	–
domesticado	doméstico	–
efetivado	efetivo	efetivante
enchido	cheio	enchente
enfeado	feio	–
enlouquecido	louco	–
esclarecido	claro	–
globalizado	global	globalizante
habilitado	hábil	habilitante
humanizado	humano	humanizante
imortalizado	imortal	imortalizante
incluído	incluso	includente
integrado	íntegro	integrante
limpado	limpo	–
marginalizado	marginal	marginalizante
modernizado	moderno	modernizante
profissionalizado	profissional	profissionalizante
querido	quisto	(?) querente
resolvido	resoluto	–
revoltado	revolto	revoltante
rotinizado	rotineiro	(?) rotinizante
segurado	seguro	–
sujado	sujo	–
sujeitado	sujeito	–
traumatizado	–	traumatizante
valorizado	válido	(?) valorizante

Adjetivos em –VEL

É apontada por alguns autores (por exemplo, Castilho, 1968; Travaglia, 1981) como uma forma aspectual do adjetivo aquela que se forma através do sufixo –*VEL*, como se tem nos exemplos *solucionável* e *rentável*, usando-se como argumento o fato de que expressariam a possibilidade de um processo a se desenvolver, processo esse e resultado dele que seriam expressos por outras formas aspectuais do adjetivo, de que resultariam séries do tipo:

(176) Irritável – Irritante – Irritado.

Ao lado de reconhecer, como já foi visto na seção anterior, que as duas últimas formas são efetivamente marcadas aspectualmente, não estou admitindo a primeira forma como aspectual. O que essa forma indica é a potencialidade de realização de um processo que, se efetivamente realizado, será expresso pela forma imperfectiva em –*NTE* e, se levado a termo, poderá ter a forma *resultativa* de Particípio para a expressão do estado resultante. A potencialidade de realização, por não se constituir na realização mesma, não deve, ao meu ver, ser considerada como expressão da constituição temporal interna de qualquer fato. Visto que a ocorrência ainda não se verifica não pode ter constituição interna, temporal ou de qualquer natureza.

Por essa razão que, como se pode aquilatar, procede do mesmo entendimento que se demonstrou quando da abordagem do suposto "Aspecto iminencial" (veja pg. 26), os adjetivos em –*VEL* não foram considerados como formas aspectuais.

SUGESTÕES DE LEITURA

CASTILHO, Ataliba. *Introdução ao estudo do aspecto verbal na língua portuguesa*. Marília, Faculdade de Filosofia, Ciências e Letras, 1968 (Coleção de Teses, 6).

Primeiro estudo exclusivo e detalhado realizado no Brasil sobre a categoria. É de leitura indispensável, tanto quanto à perquirição teórica, quanto à riqueza de informações, tais como resumos de estudos anteriores feitos no Brasil e no exterior sobre o assunto, permitindo ampla visão histórico-crítica do estudo da categoria. Utiliza como *corpus* textos escritos, que classifica em "eruditos" e "distensos", além de exemplos ouvidos ao acaso em conversas cotidianas, e, como o título indica, concentra-se no estudo da categoria nos verbos. Apresenta ao final interessante lista de questões que podem contribuir para o aprofundamento da análise do assunto em português.

COMRIE, Bernard. *Aspect; an introduction to the study of verbal aspect and related problems*. Cambridge, Cambridge University Press, 1976. (Cambridge Textbooks in Linguistics).

A leitura integral do livro é indispensável a quem pretende aprofundar-se no assunto. É fundamental para a conceituação da categoria e conseqüentemente para estabelecer o seu recorte em face de outras, sobretudo as categorias verbais de Tempo e Voz. Apresenta ainda informações sobre os sistemas aspectuais do inglês, do grego, do chinês e de algumas línguas dos grupos eslavo e românico.

CUNHA, Celso e CINTRA, Luís F. *Nova gramática do português contemporâneo*. Rio de Janeiro, Nova Fronteira, 1985.

É importante assinalar o destaque que os autores dão à categoria, abordada como uma das flexões do verbo (dentro das "Noções preliminares" do capítulo 13 – Verbo), embora não considere plenamente defensável a classificação sugerida.

LYONS, John. *Introdução à Lingüística Teórica. [Introduction to Theoretical Linguistics]*. Tradução de Rosa Virgínia Mattos e

Hélio Pimentel. São Paulo, Cia. Editora Nacional/EDUSP, 1979. (Biblioteca Universitária, série 5a. – Letras e Lingüística, 13).

De leitura relativamente fácil para pessoas com alguma familiaridade com estudos lingüísticos, o item 7.5 do capítulo 7 trata das relações entre as categorias lingüísticas de Tempo, Modo e Aspecto, e funciona como uma primeira abordagem ao assunto.

——————. *Eléments de Sémantique*. [Semantics – v. 1]. Tradução de Jacques Durand. Paris, Larousse, 1978. (Collection Langue et Langage).

Desse livro, que trata da Semântica no quadro da Semiótica, a leitura do item 9.7. do capítulo IX é bastante enriquecedora para a compreensão do conceito lingüístico de termos marcados e não-marcados. Existe tradução em português.

——————. *Sémantique linguistique*. [Semantics – v. 2]. Tradução de Jacques Durand e D. Boulonnais. Paris, Larousse, 1980. (Collection Langue et Langage).

O item 2.3. do capítulo III é muito importante para a distinção entre entidades de primeira, segunda e terceira ordens, em que me baseio; e todo o capítulo VI, para a própria conceituação de Aspecto e o aprofundamento da noção de dêixis.

MATEUS, Maria Helena Mira *et alii*. *Gramática da língua portuguesa;* elementos para a descrição da estrutura, funcionamento e uso do português actual. Coimbra, Almedina, 1983.

As autoras atribuem grande importância à categoria, inclusive chamando a atenção para a injustificável "subalternização do aspecto" nos estudos da língua portuguesa, quando é "sabido que o português é das poucas línguas em que se encontra lexicalizada a oposição aspectual *Ser x Estar.*" É sobremodo esclarecedor o tratamento que dispensam aos verbos tradicionalmente denominados "de ligação". Para o assunto, recomendo sobretudo a leitura do item 5.4 da *Parte II* ("A categoria lingüística aspecto") e o *Anexo* ao item 10.1.2. da *Parte III* ("Os verbos *Ser* na língua portuguesa").

TRAVAGLIA, Luiz Carlos. *O aspecto verbal no português: a categoria e sua expressão*. Universidade Federal de Uberlândia, Centro de Ciências Humanas e Artes, 1981.

É o segundo estudo exclusivo sobre o assunto realizado no Brasil (o primeiro é o de Castilho). Consta de boa revisão bibliográfica do que se disse sobre a categoria em trabalhos brasileiros até o ano de 1977, e de detalhada conceituação e classificação da sua expressão, sobretudo nos verbos. Há um capítulo sobre o Aspecto nos nomes e um capítulo sobre outros recursos de expressão do Aspecto que observa, entre outros, adjuntos adverbiais, preposições e tipos oracionais. Apresenta em apêndice um interessante questionário de pesquisa, que objetiva testar em falantes nativos a utilização distintiva dos Pretéritos Perfeito e Imperfeito do Indicativo.

TRABALHOS REALIZADOS NO BRASIL QUE TRATAM A CATEGORIA DE ASPECTO (ORDEM CRONOLÓGICA)

SANTOS, Abílio de Jesus dos. Aspecto verbal e sua aplicação ao português. Separata de ROMANITAS, 8, 1967.

CASTILHO, Ataliba Teixeira de. *Introdução ao estudo do aspecto verbal na língua portuguesa*. Marília, Faculdade de Filosofia, Ciências e Letras, 1968. (Coleção de Teses, 6).

BARROS, Luiz Martins Monteiro de. *Aspecto e tempo na flexão do verbo português*. Niterói, Universidade Federal Fluminense, 1974. Dissertação de Mestrado, mimeogr.

GOMES NETO, José. *O aspecto verbal na literatura de cordel*. Florianópolis, Universidade Federal de Santa Catarina, 1977. Dissertação de Mestrado, mimeogr.

MORRIS, Eveline Gonçalves. *A compreensão e a expressão de formas verbais em crianças de quatro anos de idade*. Salvador, Universidade Federal da Bahia, 1978. Dissertação de Mestrado, mimeogr.

RISSI, Lurdes Therezinha. *A expressividade da semântica temporal e aspectual em São Bernardo e Angústia*. Niterói, Universidade Federal Fluminense, 1978. Dissertação de Mestrado, mimeogr.

TRAVAGLIA, Luiz Carlos. *O aspecto verbal no português: a categoria e sua expressão*. Universidade Federal de Uberlândia. Centro de Ciências Humanas e Artes, 1981.

TELLES, Célia Marques. *As categorias de modo, tempo e aspecto em textos românicos do século XVI*. Salvador, Universidade Federal da Bahia, 1982. Dissertação de Mestrado, mimeogr.

SOARES, Maria Apparecida Botelho Pereira. *A semântica do aspecto verbal em russo e em português*. Rio, Universidade Federal do Rio de Janeiro, 1984. Tese de Doutorado, mimeogr.

CERQUEIRA, Vicente C. *O presente simples e progressivo do inglês e o presente do indicativo e progressivo do português; um estudo comparativo*. São Paulo, PUC, 1984. Dissertação de Mestrado, mimeogr.

CASTILHO, Ataliba Teixeira de. "Ainda o aspecto verbal". *In: Epa — Estudos Portugueses e Africanos*. Campinas, UNICAMP, nº 4, 1984.

COSTA, Sônia Bastos Borba. *O Aspecto em português: reflexão a partir de um fragmento do 'corpus' do Projeto NURC*. Salvador, Universidade Federal da Bahia, 1986. Dissertação de Mestrado, mimeogr.

DEMAIS REFERÊNCIAS BIBLIOGRÁFICAS

A seguir, listo as obras referidas no texto do livro e que não aparecem nas sugestões de leitura, nem na relação de trabalhos sobre o assunto realizado no Brasil.

COSERIU, Eugenio. "Aspect verbal ou aspects verbaux? Quelques questions de théorie et de méthode". In: DAVID, Jean et MARTIN, Robert, orgs. *La notion d'aspect*. Paris, Klincksieck, 1980. (Collection Recherches Linguistiques).

ILARI, Rodolfo e MANTOANELLI, Ivonne. "As formas progressivas do português". *Cadernos de Estudos Lingüísticos*. Campinas, UNICAMP, nº 5, 1983.

LEMLE, Miriam. *Análise sintática (teoria geral e descrição do português)*. São Paulo, Ática, 1984. (Ensaios, 106).

LOPES, Óscar. *Gramática simbólica do português* (um esboço). Lisboa, Fundação Calouste Gulbenkian/Centro de Investigação Pedagógica, 1971.

NEF, Frédéric. Encore. *Langages; le temps grammatical: logiques temporelles et analyse linguistique*. Paris, Larousse, nº 64, dez. 1981.

PONTES, Eunice. *Sujeito: da sintaxe ao discurso*. São Paulo, Ática/INL/FUNDAÇÃO NACIONAL PRÓ-MEMÓRIA, 1986. (Coleção Ensaios, 125).

VLACH, Frank. "La sémantique du temps et de l'aspect en anglais". *Langages; le temps grammatical: logiques temporelles et analyse linguistique*. Paris, Larousse, nº 64, dez. 1981.